漢検

8級

いちまるとはじめよう!
わくわく漢検

改訂版

漢検 公益財団法人 日本漢字能力検定協会

もくじ

※漢検ホームページからダウンロードできます。

この本の使《つか》い方

日本漢字《かんじ》能力《のうりょく》検定《けんてい》8級《きゅう》は、小学校3年生で学ぶ漢字200字を中心に、それまでに学ぶ漢字をふくめた読み、書き、使い方などが出題《しゅつだい》されます。本書はその200字を1日10分で1か月間、楽しみながら学ぶことができます。

漢字《かんじ》で遊《あそ》ぼう！わくわく広場

これから習《なら》う漢字を使《つか》って、クイズやめいろで遊びましょう。

終《お》わったら、シールをはりましょう。

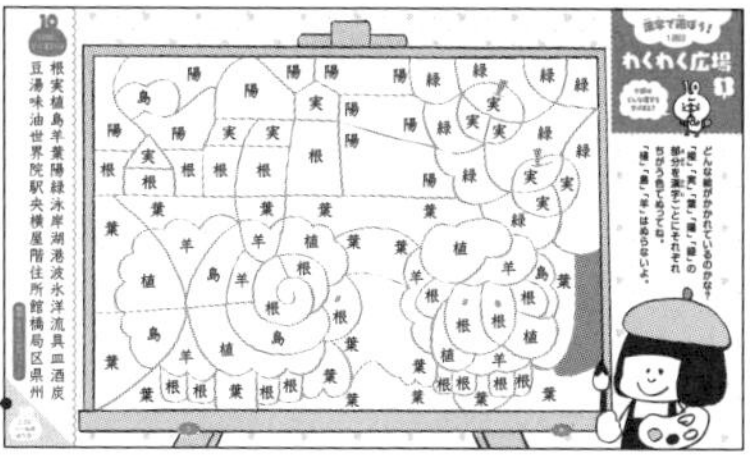

漢字表《ひょう》・練習問題《れんしゅうもんだい》

漢字の意味《いみ》や使う場面《ばめん》などで、テーマごとにわかれています。

1週目から5週目まで、わかれています。

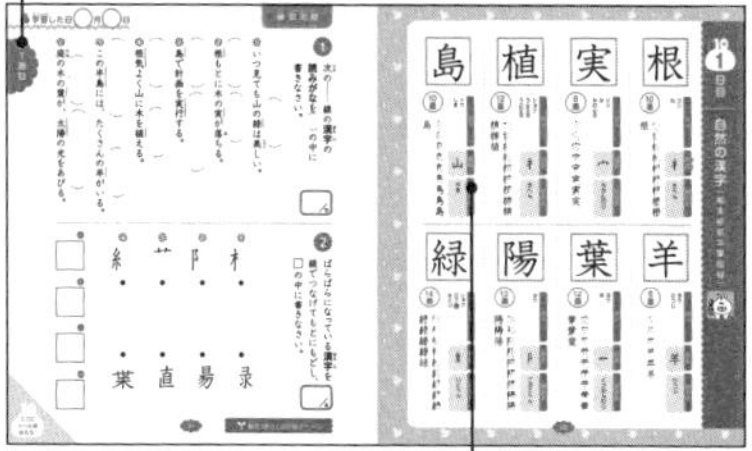

「漢字表」の「読み」は、音読みをカタカナで、訓《くん》読みをひらがなで示《しめ》しています。㊥は中学校で習う読みで4級以上《きゅういじょう》で出題対象《しゅつだいたいしょう》に、㊢は高校で習う読みで準《じゅん》2級以上で出題対象になります。

「部首《ぶしゅ》・部首名」は、漢検採用《かんけんさいよう》のものです。

復習《ふくしゅう》問題

5日分の「漢字表」と「練習問題」が終わったら、「復習問題」をといてみましょう。

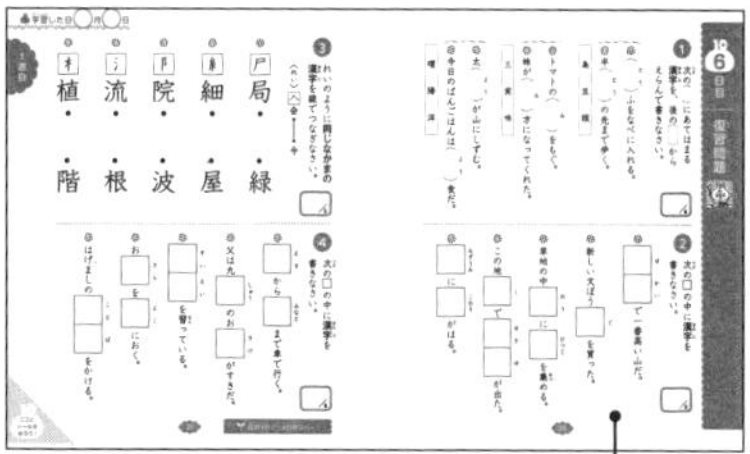

まちがえた問題は、「漢字表」を確認《かくにん》して、もう一度《いちど》練習してみましょう。

テストにチャレンジ！

30日分の学習《がくしゅう》が終わったら、力だめしをしてみましょう。

いちまるの家族《かぞく》

うちゅうのかなたから、漢字を学ぶためにやってきたなかよし家族《かぞく》。

いちまる　ぷちまる　ちちまる　ははまる　おじじまる　おばばまる

いちまるの友だち

ぎざるぼん

漢検ホームページ（https://www.kanken.or.jp/kanken/dl10/）から、漢字表のポスターをダウンロードできます。くわしくは、この本のカバーの折《お》り返《かえ》し部分《ぶぶん》をごらんください。

おうちの方へ
個人受検を申し込まれる皆さまへ

協会ホームページのご案内

検定に関する最新の情報（申込方法やお支払い方法など）は、公益財団法人　日本漢字能力検定協会ホームページ https://www.kanken.or.jp/ をご確認ください。

なお、下記の二次元コードから、ホームページへ簡単にアクセスできます。

受検規約について

受検を申し込まれる皆さまは、「日本漢字能力検定受検規約（漢検ＰＢＴ）」の適用があることを同意のうえ、検定の申し込みをしてください。受検規約は協会のホームページでご確認いただけます。

1 受検級を決める

受検資格　制限はありません

実 施 級　1、準1、2、準2、3、4、5、6、7、8、9、10級

検定会場　全国主要都市約170か所に設置（実施地区は検定の回ごとに決定）

検定時間　ホームページにてご確認ください。

2 検定に申し込む

インターネットにてお申し込みください。

団体受検について

自分の学校や企業などの団体で志願者が一定以上集まると、団体単位で受検の申し込みができる「団体受検」という制度もあります。団体受検申込を扱っているかどうかは、先生や人事関係の担当者にご確認ください。

3 受検票が届く

受検票は検定日の約1週間前から順次お届けします。

4 検定日当日

持ち物　受検票、鉛筆（HB、B、2Bの鉛筆またはシャープペンシル）、消しゴム

※ボールペン、万年筆などの使用は認められません。ルーペ持ち込み可。

5 合否の通知

検定日の約40日後に、受検者全員に「検定結果通知」を郵送します。合格者には「合格証書」・「合格証明書」を同封します。欠席者には検定問題と標準解答をお送りします。受検票は検定結果が届くまで大切に保管してください。

家族受検表彰制度について

家族で受検し合格された場合、個別の「合格証書」に加えて「家族合格表彰状」を贈呈する制度があります。申請方法や、その他注意事項は漢検ホームページにてご確認ください。

お問い合わせ窓口

電話番号　フリーコール 0120-509-315（無料）

（海外からはご利用いただけません。ホームページよりメールでお問い合わせください。）

お問い合わせ時間　月～金　9時00分～17時00分

（祝日・お盆・年末年始を除く）

※公開会場検定日とその前日の土曜は開設

※検定日は9時00分～18時00分

メールフォーム　https://www.kanken.or.jp/kanken/contact/

「漢検」級別 主な出題内容

10級 …対象漢字数 80字
漢字の読み／漢字の書取／筆順・画数

9級 …対象漢字数 240字
漢字の読み／漢字の書取／筆順・画数

8級 …対象漢字数 440字
漢字の読み／漢字の書取／部首・部首名／筆順・画数／送り仮名／対義語／同じ漢字の読み

7級 …対象漢字数 642字
漢字の読み／漢字の書取／部首・部首名／筆順・画数／送り仮名／対義語／同音異字／三字熟語

6級 …対象漢字数 835字
漢字の読み／漢字の書取／部首・部首名／筆順・画数／送り仮名／対義語・類義語／同音・同訓異字／三字熟語／熟語の構成

5級 …対象漢字数 1026字
漢字の読み／漢字の書取／部首・部首名／筆順・画数／送り仮名／対義語・類義語／同音・同訓異字／誤字訂正／四字熟語／熟語の構成

4級 …対象漢字数 1339字
漢字の読み／漢字の書取／部首・部首名／送り仮名／対義語・類義語／同音・同訓異字／誤字訂正／四字熟語／熟語の構成

3級 …対象漢字数 1623字
漢字の読み／漢字の書取／部首・部首名／送り仮名／対義語・類義語／同音・同訓異字／誤字訂正／四字熟語／熟語の構成

準2級 …対象漢字数 1951字
漢字の読み／漢字の書取／部首・部首名／送り仮名／対義語・類義語／同音・同訓異字／誤字訂正／四字熟語／熟語の構成

2級 …対象漢字数 2136字
漢字の読み／漢字の書取／部首・部首名／送り仮名／対義語・類義語／同音・同訓異字／誤字訂正／四字熟語／熟語の構成

準1級 …対象漢字数 約3000字
漢字の読み／漢字の書取／故事・諺／対義語・類義語／同音・同訓異字／誤字訂正／四字熟語

1級 …対象漢字数 約6000字
漢字の読み／漢字の書取／故事・諺／対義語・類義語／同音・同訓異字／誤字訂正／四字熟語

※ここに示したのは出題分野の一例です。毎回すべての分野から出題されるとは限りません。また、このほかの分野から出題されることもあります。

日本漢字能力検定採点基準 最終改定：平成25年4月1日

1 採点の対象
筆画を正しく、明確に書かれた字を採点の対象とし、くずした字や、乱雑に書かれた字は採点の対象外とする。

2 字種・字体
①2～10級の解答は、内閣告示「常用漢字表」（平成二十二年）による。ただし、旧字体での解答は正答とは認めない。
②1級および準1級の解答は、『漢検要覧 1／準1級対応』（公益財団法人日本漢字能力検定協会発行）に示す「標準字体」「許容字体」「旧字体一覧表」による。

3 読み
①2～10級の解答は、内閣告示「常用漢字表」（平成二十二年）による。
②1級および準1級の解答には、①の規定は適用しない。

4 仮名遣い
仮名遣いは、内閣告示「現代仮名遣い」による。

5 送り仮名
送り仮名は、内閣告示「送り仮名の付け方」による。

6 部首
部首は、『漢検要覧 2～10級対応』（公益財団法人日本漢字能力検定協会発行）収録の「部首一覧表と部首別の常用漢字」による。

7 筆順
筆順の原則は、文部省編『筆順指導の手びき』（昭和三十三年）による。常用漢字一字一字の筆順は、『漢検要覧 2～10級対応』収録の「常用漢字の筆順一覧」による。

8 合格基準

級	満点	合格
1級／準1級／2級	二〇〇点	八〇％程度
準2級／3級／4級／5級／6級／7級	二〇〇点	七〇％程度
8級／9級／10級	一五〇点	八〇％程度

※部首、筆順は『漢検 漢字学習ステップ』など公益財団法人日本漢字能力検定協会発行図書でも参照できます。

日本漢字能力検定審査基準

10級

程度　小学校第1学年の学習漢字を理解し、文や文章の中で使える。

領域・内容

《読むことと書くこと》　小学校学年別漢字配当表の第1学年の学習漢字を読み、書くことができる。

《筆順》　点画の長短、接し方や交わり方、筆順および総画数を理解している。

9級

程度　小学校第2学年までの学習漢字を理解し、文や文章の中で使える。

領域・内容

《読むことと書くこと》　小学校学年別漢字配当表の第2学年までの学習漢字を読み、書くことができる。

《筆順》　点画の長短、接し方や交わり方、筆順および総画数を理解している。

8級

程度　小学校第3学年までの学習漢字を理解し、文や文章の中で使える。

領域・内容

《読むことと書くこと》　小学校学年別漢字配当表の第3学年までの学習漢字を読み、書くことができる。

◉音読みと訓読みとを理解していること

◉送り仮名に注意して正しく書けること（食べる、楽しい、後ろ　など）

◉対義語の大体を理解していること（勝つ―負ける、重い―軽い　など）

◉同音異字を理解していること（反対、体育、期待、太陽　など）

《筆順》　筆順、総画数を正しく理解している。

《部首》　主な部首を理解している。

7級

程度　小学校第4学年までの学習漢字を理解し、文章の中で正しく使える。

領域・内容

《読むことと書くこと》　小学校学年別漢字配当表の第4学年までの学習漢字を読み、書くことができる。

◉音読みと訓読みとを正しく理解していること

◉送り仮名に注意して正しく書けること（等しい、短い、流れる　など）

◉熟語の構成を知っていること

◉対義語の大体を理解していること（入学―卒業、成功―失敗　など）

◉同音異字を理解していること（健康、高校、公共、外交　など）

《筆順》　筆順、総画数を正しく理解している。

《部首》　部首を理解している。

6級

程度　小学校第5学年までの学習漢字を理解し、文章の中で漢字が果たしている役割を知り、正しく使える。

領域・内容

《読むことと書くこと》　小学校学年別漢字配当表の第5学年までの学習漢字を読み、書くことができる。

◉音読みと訓読みとを正しく理解していること

◉送り仮名や仮名遣いに注意して正しく書けること（求める、失う　など）

◉熟語の構成を知っていること（上下、絵画、大木、読書、不明　など）

◉対義語、類義語の大体を理解していること（禁止―許可、平等―均等　など）

◉同音・同訓異字を正しく理解していること

《筆順》　筆順、総画数を正しく理解している。

《部首》　部首を理解している。

5級

程度　小学校第6学年までの学習漢字を理解し、文章の中で漢字が果たしている役割に対する知識を身に付け、漢字を文章の中で適切に使える。

領域・内容

《読むことと書くこと》　小学校学年別漢字配当表の第6学年までの学習漢字を読み、書くことができる。

◉音読みと訓読みとを正しく理解していること

◉送り仮名や仮名遣いに注意して正しく書けること

◉熟語の構成を知っていること

◉対義語、類義語を正しく理解していること

◉同音・同訓異字を正しく理解していること

《四字熟語》　四字熟語を正しく理解している（有名無実、郷土芸能　など）。

《筆順》　筆順、総画数を正しく理解している。

《部首》　部首を理解し、識別できる。

漢字《かんじ》で遊《あそ》ぼう!
1週目

わくわく広場 1

今週は
どんな漢字を
学ぶまる?

どんな絵がかかれているのかな?
「根」「実」「葉」「陽」「緑」の
部分《ぶぶん》を漢字《かんじ》ごとにそれぞれ
ちがう色でぬってね。
「植」「島」「羊」はぬらないよ。

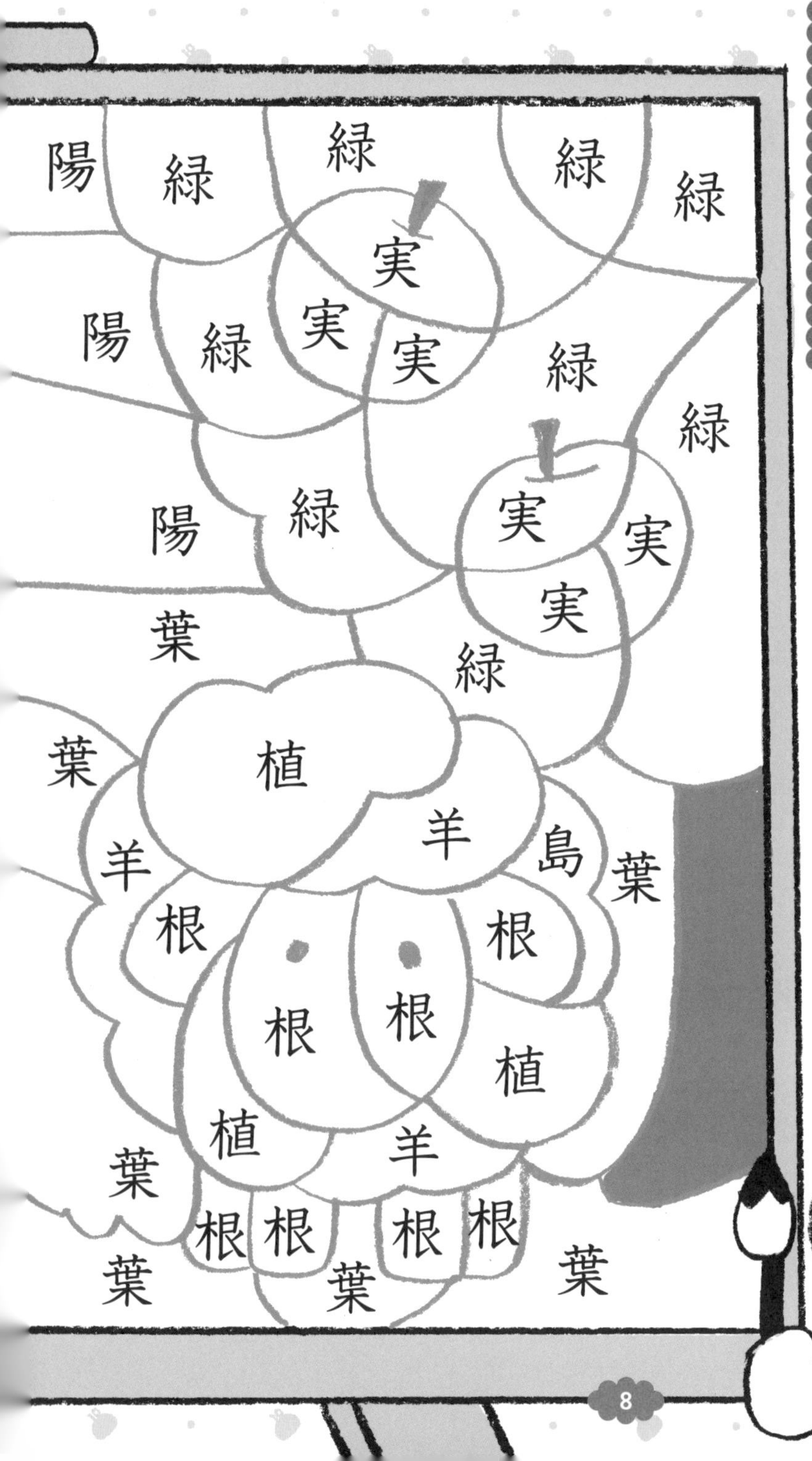

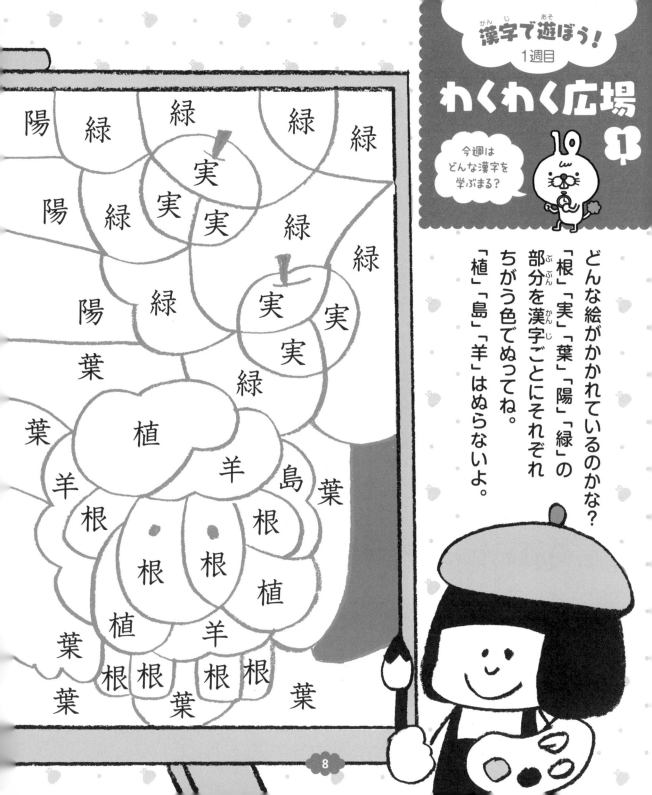

10

1週目に学ぶ漢字だよ

根実植島羊葉陽緑泳岸湖港波氷洋流具皿酒炭

豆湯味油世界院駅央横屋階住所館橋局区県州

解答《かいとう》（答え）は別冊《べっさつ》11ページ

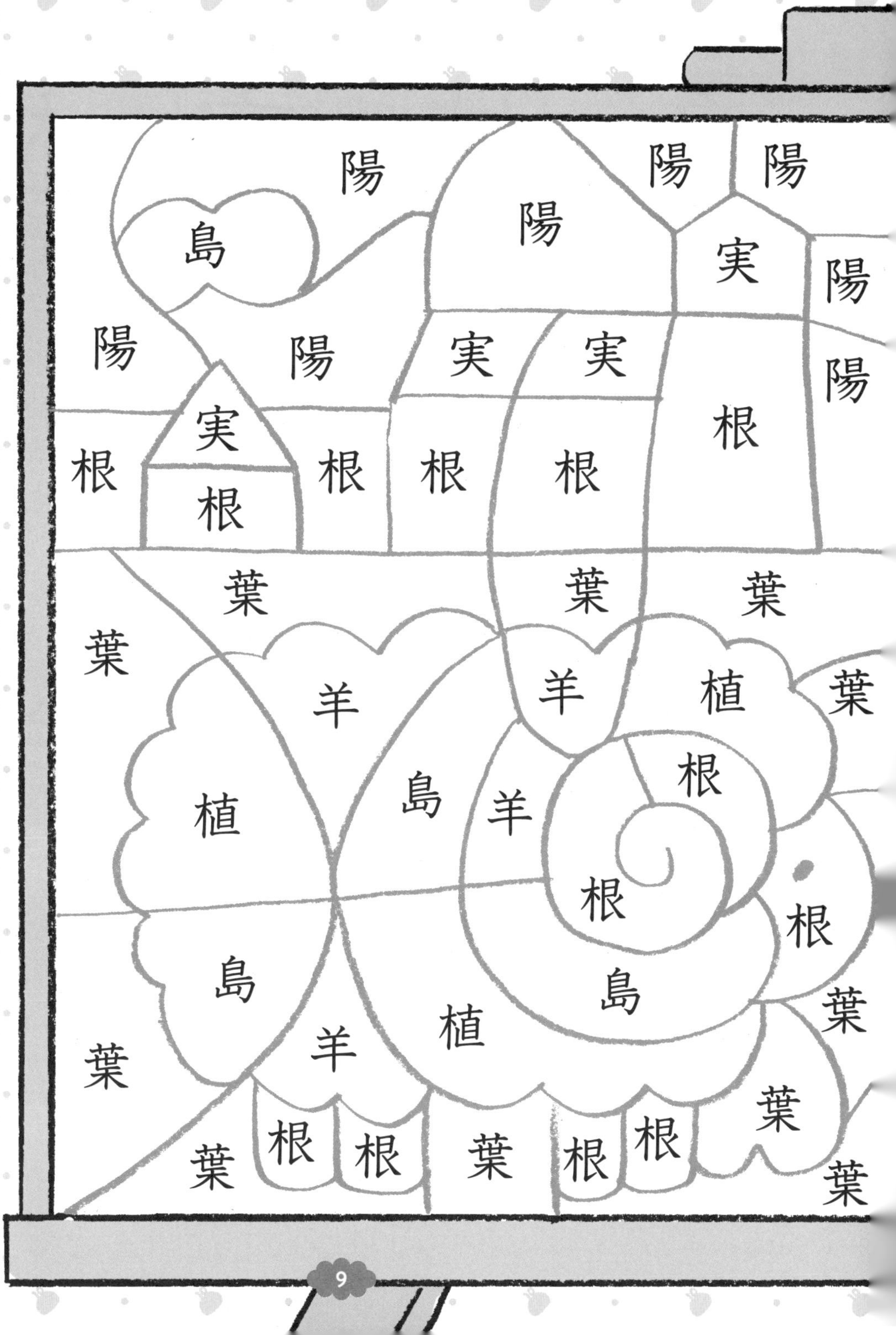

10
ここにシールをはろう！

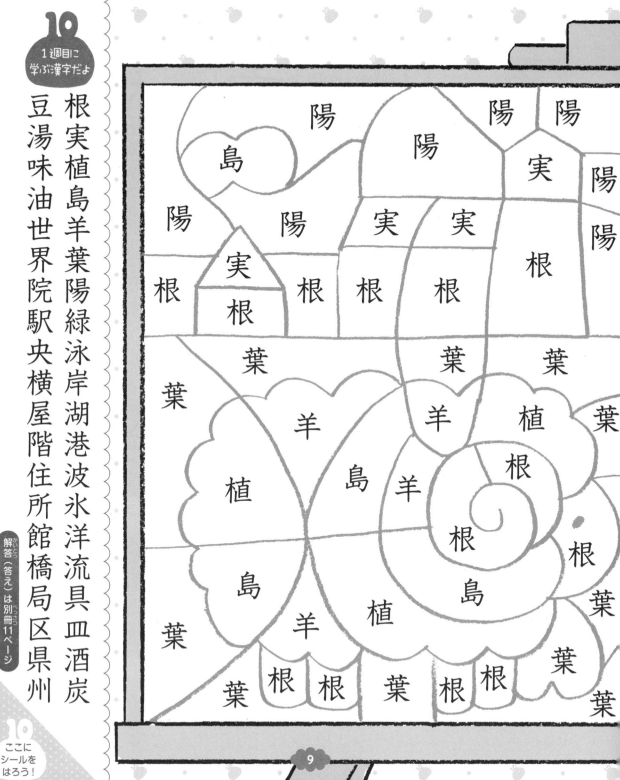

自然《しぜん》の漢字《かんじ》（根実植島羊葉陽緑）

根

10画

読み：コン、ね

部首《ぶしゅ》：木

部首名：きへん

根

実

8画

読み：ジツ、み、みの(る)

部首：宀

部首名：うかんむり

植

12画

読み：ショク、う(える)、う(わる)

部首：木

部首名：きへん

植植植

島

10画

読み：トウ、しま

部首：山

部首名：やま

島

羊

6画

読み：ヨウ、ひつじ

部首：羊

部首名：ひつじ

葉

12画

読み：ヨウ、は

部首：艹

部首名：くさかんむり

葉葉葉

陽

12画

読み：ヨウ

部首：阝

部首名：こざとへん

陽陽陽

緑

14画

読み：リョク、ロク㊫、みどり

部首：糸

部首名：いとへん

緑緑緑緑緑

1

次《つぎ》の——線の**漢字**《かんじ》の**読みがな**を（　）の中に書きなさい。

❶ いつ見ても山の緑は美《うつく》しい。

❷ 根もとに木の実が落《お》ちる。

❸ 島で計画を実行する。

❹ 根気よく山に木を植える。

❺ この半島には、たくさんの羊がいる。

❻ 庭《にわ》の木の葉が、太陽の光をあびる。

／11

2

ばらばらになっている**漢字**《かんじ》を線でつなげてもとにもどし、□の中に書きなさい。

❶ 木・　　・录

❷ 阝・　　・昜

❸ 艹・　　・直

❹ 糸・　　・枼

❶ □

❷ □

❸ □

❹ □

／4

ここにシールをはろう！

解答《かいとう》（答え）は別冊《べっさつ》2ページ

2日目

水《みず》辺《べ》の漢《かん》字《じ》（泳岸湖港波氷洋流）

泳

8画

読み	部首《ぶしゅ》	部首名
エイ およ(ぐ)	氵	さんずい

泳泳泳泳泳泳泳泳

岸

8画

読み	部首	部首名
ガン きし	山	やま

岸岸岸岸岸岸岸岸

湖

12画

読み	部首	部首名
コ みずうみ	氵	さんずい

湖湖湖湖湖湖湖湖湖湖湖湖

港

12画

読み	部首	部首名
コウ みなと	氵	さんずい

港港港港港港港港港港港港

波

8画

読み	部首	部首名
ハ なみ	氵	さんずい

波波波波波波波波

氷

5画

読み	部首	部首名
ヒョウ こおり ひ㊢	水	みず

氷氷氷氷氷

洋

9画

読み	部首	部首名
ヨウ	氵	さんずい

洋洋洋洋洋洋洋洋洋

流

10画

読み	部首	部首名
リュウ・ル㊢ なが(れる) なが(す)	氵	さんずい

流流流流流流流流流流

1

次《つぎ》の――線の**漢字《かんじ》**の**読みがな**を（　）の中に書きなさい。

/11

❶ 港の近くに一流のホテルがある。

❷ 湖面《めん》に山がうつっている。

❸ 湖のほとりにある店で洋服《ふく》を買った。

❹ つめたい海で氷が波にゆれている。

❺ 流れるプールで水泳をする。

❻ 向《む》こうの岸まで泳いでわたる。

2

次《つぎ》の――線の**漢字《かんじ》**の**読みがな**を（　）の中に書きなさい。

/8

❶ 実力

❷ 実る

❸ 海岸線

❹ 岸べ

❺ 植物《ぶつ》

❻ 植える

❼ 上流

❽ 流す

10 ここにシールをはろう！

解答《かいとう》（答え）は別冊《べっさつ》2ページ

3日目

料理《りょうり》の漢字《かんじ》（具皿酒炭豆湯味油）

具
8画
- 読み：グ
- 部首《ぶしゅ》：八
- 部首名：は

具具具具具具具具

皿
5画
- 読み：さら
- 部首：皿
- 部首名：さら

皿皿皿皿皿

酒
10画
- 読み：シュ、さけ、さか
- 部首：酉
- 部首名：ひよみのとり

酒酒酒酒酒酒酒酒酒酒

炭
9画
- 読み：タン、すみ
- 部首：火
- 部首名：ひ

炭炭炭炭炭炭炭炭炭

豆
7画
- 読み：トウ、ズ、まめ
- 部首：豆
- 部首名：まめ

豆豆豆豆豆豆豆

湯
12画
- 読み：トウ、ゆ
- 部首：氵
- 部首名：さんずい

湯湯湯湯湯湯湯湯湯湯湯湯

味
8画
- 読み：ミ、あじ、あじ(わう)
- 部首：口
- 部首名：くちへん

味味味味味味味味

油
8画
- 読み：ユ、あぶら
- 部首：氵
- 部首名：さんずい

油油油油油油油油

1 次《つぎ》の――線の**漢字《かんじ》**の**読みがな**を（　）の中に書きなさい。

/11

1. おにぎりに味をつけた具を入れる。（　）（　）
2. 油あげをあつい湯に通す。（　）（　）
3. 火力発電《はつでん》に石油や石炭を使《つか》う。（　）（　）（　）
4. 黒豆をあまくにて皿にもる。（　）（　）（　）
5. 味方にボールを投《な》げる。（　）
6. あま酒から湯気が出ている。（　）（　）

2 上と下の**漢字《かんじ》**を線でつなげて**二字のことば**を作りなさい。答えは□の中に書きなさい。

/4

1	2	3	4
太	道	空	子
港	陽	羊	具

1 □□　2 □□　3 □□　4 □□

解答《かいとう》（答え）は別冊《べっさつ》2ページ

4日目

場《ば》所《しょ》・位《い》置《ち》の漢《かん》字《じ》（世界院駅央横屋階）

世

5画

読み：セイ　セ　よ

部首《ぶしゅ》：一

部首名：いち

世世世世世

界

9画

読み：カイ

部首：田

部首名：た

界界界界界界界界界

院

10画

読み：イン

部首：阝

部首名：こざとへん

院院院院院院院院院院

駅

14画

読み：エキ

部首：馬

部首名：うまへん

駅駅駅駅駅駅駅駅駅駅駅駅駅駅

央

5画

読み：オウ

部首：大

部首名：だい

央央央央央

横

15画

読み：オウ　よこ

部首：木

部首名：きへん

横横横横横横横横横横横横横横横

屋

9画

読み：オク　や

部首：尸

部首名：かばね　しかばね

屋屋屋屋屋屋屋屋屋

階

12画

読み：カイ

部首：阝

部首名：こざとへん

階階階階階階階階階階階階

練習問題《れんしゅうもんだい》

1

次《つぎ》の——線の**漢字**《かんじ》の**読みがな**を（　）の中に書きなさい。

／11

1. 駅前の店で工作に使《つか》う道具を買った。（　　）（　　）
2. 植木ばちの中央にあながあいている。（　　）（　　）
3. 世界をめぐって外国の言葉を知る。（　　）（　　）
4. 入院している友だちを見まう。（　　）
5. 階だんをのぼって屋上へ行く。（　　）（　　）
6. 豆まきで、おにが前を横切った。（　　）（　　）

2

漢字《かんじ》の**最初**《さいしょ》に書く線が**太く**なっています。正しい方に○をつけなさい。

／4

① 院　院

② 屋　屋

③ 界　界

④ 駅　駅

10 ここにシールをはろう！

解答《かいとう》（答え）は別冊《べっさつ》2ページ

5日目

場所・位置《いち》の漢字《かんじ》（住所館橋局区県州）

住
- 7画
- 読み：ジュウ／す(む)／す(まう)
- 部首《ぶしゅ》：亻
- 部首名：にんべん

所
- 8画
- 読み：ショ／ところ
- 部首：戸
- 部首名：と

館
- 16画
- 読み：カン／やかた
- 部首：食
- 部首名：しょくへん

橋
- 16画
- 読み：キョウ／はし
- 部首：木
- 部首名：きへん

局
- 7画
- 読み：キョク
- 部首：尸
- 部首名：かばね／しかばね

区
- 4画
- 読み：ク
- 部首：匚
- 部首名：かくしがまえ

県
- 9画
- 読み：ケン
- 部首：目
- 部首名：め

州
- 6画
- 読み：シュウ／す㊥
- 部首：川
- 部首名：かわ

1

次《つぎ》の――線の漢字《かんじ》の読みがなを（　）の中に書きなさい。

／11

1. 歩道橋をわたると図書館に着《つ》く。
2. ここは本州で一番長い県道だ。
3. いちまるは島根県に住むのがゆめだ。
4. 家の近所を走る。
5. ゆうびん局の屋根を見る。
6. この地区で世界大会が開《ひら》かれる。

2

次《つぎ》の□の中に漢字《かんじ》を書きなさい。

／8

1. 台□《どころ》で□《ゆ》をわかす。
2. □《はし》の上で□《なみ》の音を聞く。
3. 買ってきた□《まめ》をゆでる。
4. はがきに□《じゅう》所を書く。
5. 海□《がん》で□《なが》れ星を見る。

ここにシールをはろう！

復習問題《ふくしゅうもんだい》

1 次《つぎ》の（　）にあてはまる漢字《かんじ》を、後の□からえらんで書きなさい。

/6

① （　）《とう》ふをなべに入れる。

② 半（　）《とう》の先まで歩く。

島	豆	頭

③ トマトの（　）《み》をもぐ。

④ 妹が（　）《み》方になってくれた。

三	実	味

⑤ 太（　）《よう》が山にしずむ。

⑥ 今日のばんごはんは（　）《よう》食だ。

曜	陽	洋

2 次《つぎ》の□の中に漢字《かんじ》を書きなさい。

/8

① □□《せかい》で一番高い山だ。

② 新しい文ぼう□《ぐ》を買った。

③ 草地の中□《おう》に□《ひつじ》を集《あつ》める。

④ この地□《く》で□□《せきゆ》が出た。

⑤ □《みずうみ》に□《こおり》がはる。

1週目

3 れいのように同じなかまの漢字《かんじ》を線でつなぎなさい。

〈れい〉 八 会・―・今

① 尸 局・　・緑
② 糸 細・　・屋
③ 阝 院・　・波
④ 氵 流・　・根
⑤ 木 植・　・階

／5

4 次《つぎ》の□の中に漢字《かんじ》を書きなさい。

① □《えき》から□《みなと》まで車で行く。
② 父は九□《しゅう》のお□《さけ》がすきだ。
③ □□《すいえい》を習《なら》っている。
④ お□《さら》を□《よこ》におく。
⑤ はげましの□□《ことば》をかける。

／8

解答《かいとう》（答え）は別冊《べっさつ》3ページ

ここにシールをはろう！

漢字《かんじ》で遊《あそ》ぼう！
2週目

わくわく広場 2

今週は
どんな漢字を
学ぶまる？

いたずらずきなまほう使《つか》いが、
漢字《かんじ》にまほうをかけちゃった。
でもだいじょうぶ。
えんぴつを使って、
まほうをといてみよう！
どんな漢字が出てくるのかな？

まほうのとき方

☆と☆の上にえんぴつをおくと、
漢字があらわれるよ。

10

2週目に学ぶ漢字だよ

他柱丁庭都畑路和飲開起去向使持写受拾集消

整待談追放送転配返有遊落感想注意苦決幸悲

解答《かいとう》（答え）は別冊《べっさつ》11ページ

10
ここにシールをはろう！

7日目

場所・位置《いち》の漢字《かんじ》（他柱丁庭都畑路和）

他

5画

読み：タ／ほか

部首《ぶしゅ》：亻

部首名：にんべん

他 他 他 他 他

柱

9画

読み：チュウ／はしら

部首：木

部首名：きへん

柱 柱 柱 柱 柱 柱 柱 柱 柱

丁

2画

読み：チョウ／テイ(中)

部首：一

部首名：いち

丁 丁

庭

10画

読み：テイ／にわ

部首：广

部首名：まだれ

庭 庭 庭 庭 庭 庭 庭 庭 庭 庭

都

11画

読み：ト／ツ／みやこ

部首：阝

部首名：おおざと

都 都 都 都 都 都 都 都 都 都 都

畑

9画

読み：はた／はたけ

部首：田

部首名：た

畑 畑 畑 畑 畑 畑 畑 畑 畑

路

13画

読み：ロ／じ

部首：⻊

部首名：あしへん

路 路 路 路 路 路 路 路 路 路 路 路 路

和

8画

読み：ワ・オ(高)／やわ(らぐ)(中)／やわ(らげる)(中)／なご(む)(中)・なご(やか)(中)

部首：口

部首名：くち

和 和 和 和 和 和 和 和

練《れん》習《しゅう》問《もん》題《だい》

1 次《つぎ》の——線の漢字《かんじ》の読みがなを（　）の中に書きなさい。

/11

❶ 都会（　　）をはなれて空港（　　）へ向《む》かう。

❷ 豆ふ一丁（　　）を切り分けて、油（　　）であげる。

❸ 昭《しょう》和（　　）の時代《じだい》に多くの都市（　　）ができた。

❹ 他人（　　）にめいわくをかけない。

❺ 通学路（　　）のそばには畑（　　）が広がっている。

❻ 校庭（　　）のかたすみに電柱（　　）がある。

2 次《つぎ》の□の中に漢字《かんじ》を書きなさい。

/8

❶ 村で田□《う》えをする。

❷ 二□《かい》の病室《びょうしつ》に入□《いん》した。

❸ □《にわ》から□□《やね》を見上げる。

❹ 道□《ろ》ぞいの薬《やっ》□《きょく》に行く。

❺ 父が作った料理《りょうり》を□《あじ》わう。

10 ここにシールをはろう！

解答《かいとう》（答え）は別冊《べっさつ》3ページ

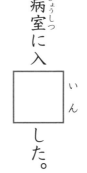

8日目

動《うご》きの漢字《かんじ》（飲開起去向使持写）

飲
12画
- 読み：イン／の(む)
- 部首《ぶしゅ》：食
- 部首名：しょくへん

開
12画
- 読み：カイ／ひら(く)・ひら(ける)／あ(く)・あ(ける)
- 部首：門
- 部首名：もんがまえ

起
10画
- 読み：キ／お(きる)・お(こる)／お(こす)
- 部首：走
- 部首名：そうにょう

去
5画
- 読み：キョ／コ／さ(る)
- 部首：ム
- 部首名：む

向
6画
- 読み：コウ／む(く)・む(ける)／む(かう)・む(こう)
- 部首：口
- 部首名：くち

使
8画
- 読み：シ／つか(う)
- 部首：亻
- 部首名：にんべん

持
9画
- 読み：ジ／も(つ)
- 部首：扌
- 部首名：てへん

写
5画
- 読み：シャ／うつ(す)／うつ(る)
- 部首：冖
- 部首名：わかんむり

練習問題《れんしゅうもんだい》

1

次《つぎ》の――線の**漢字《かんじ》**の**読みがな**を（　）の中に書きなさい。

/11

1. 台所を新しくしたのは、去年の春だ。
2. ペンをしっかり持って使う。
3. 花が開いた様子《ようす》を写生する。
4. 県の野球《やきゅう》大会の開会式《しき》に出る。
5. 朝早く起きて水を飲む。
6. 母に名前をよばれてふり向いた。

2

次《つぎ》の――線の**漢字《かんじ》**の**読みがな**を（　）の中に書きなさい。

/8

1. 住所
2. 住む
3. 電柱
4. 柱時計
5. 家庭
6. うら庭
7. 方向
8. 向かい合わせ

解答《かいとう》（答え）は別冊《べっさつ》4ページ

10 ここにシールをはろう！

9日目

動《うご》きの漢字《かんじ》（受拾集消整待談追）

漢字	読み	部首《ぶしゅ》	部首名	画数
受	ジュ う(ける) う(かる)	又	また	8画
拾	シュウ㊥ ジュウ㊥ ひろ(う)	扌	てへん	9画
集	シュウ あつ(まる)・あつ(める) つど(う)㊥	隹	ふるとり	12画
消	ショウ き(える) け(す)	氵	さんずい	10画
整	セイ ととの(える) ととの(う)	攵	のぶん ぼくづくり	16画
待	タイ ま(つ)	彳	ぎょうにんべん	9画
談	ダン	言	ごんべん	15画
追	ツイ お(う)	辶	しんにょう しんにゅう	9画

練習問題《れんしゅうもんだい》

1

次《つぎ》の――線の**漢字《かんじ》**の**読みがな**を（　）の中に書きなさい。

/11

1. チームの期《き》待を一身《いっしん》に受ける。（　）（　）（　）
2. いちまるは走り去るどろぼうを追った。（　）（　）
3. 消しゴムを拾う。（　）（　）
4. 消火訓練《くんれん》を行う。（　）
5. ならべ方を相《そう》談して本を整理する。（　）（　）
6. 待ち合わせ場所に集まる。（　）（　）（　）

2

次《つぎ》の**漢字《かんじ》**を〔　〕内のように読むとき、**送《おく》りがな（ひらがな）のつけ方が正しいもの**を｛　｝からえらび、（　）の中に書きなさい。

/4

〈れい〉大〔おおきい〕｛大きい／大い｝（大きい）

1. 消〔きえる〕｛消える／消る｝（　）
2. 集〔あつめる〕｛集る／集める｝（　）
3. 向〔むける〕｛向ける／向る｝（　）
4. 整〔ととのえる〕｛整える／整る｝（　）

10 ここにシールをはろう！

解答《かいとう》（答え）は別冊《べっさつ》4ページ

10日目 動き《うご》の漢字《かんじ》（放送転配返有遊落）

放
8画

読み	部首《ぶしゅ》	部首名
ホウ はな(す)・はな(つ) はな(れる)・ほう(る)	攵	のぶん ぼくづくり

送
9画

読み	部首	部首名
ソウ おく(る)	辶	しんにょう しんにゅう

転
11画

読み	部首	部首名
テン ころ(がる)・ころ(げる) ころ(がす)・ころ(ぶ)	車	くるまへん

配
10画

読み	部首	部首名
ハイ くば(る)	酉	とりへん

返
7画

読み	部首	部首名
ヘン かえ(す) かえ(る)	辶	しんにょう しんにゅう

有
6画

読み	部首	部首名
ユウ ウ㊥ あ(る)	月	つき

遊
12画

読み	部首	部首名
ユウ ユ㊒ あそ(ぶ)	辶	しんにょう しんにゅう

落
12画

読み	部首	部首名
ラク お(ちる) お(とす)	艹	くさかんむり

1 次《つぎ》の――線の**漢字《かんじ》**の**読みがな**を（　）の中に書きなさい。

/11

1 他校の友だちに手紙の返事《じ》を書く。
2 転ばないよう注意《ちゅうい》して橋をわたる。
3 回転するおもちゃで遊ぶ。
4 ホタルを川に放す様子《ようす》を放送する。
5 有名な神社《じんじゃ》のお守《まも》りを落とした。
6 げきの配役《やく》をみんなで話し合う。

2 次《つぎ》の□にあてはまる**漢字《かんじ》**を下の[　]からえらんで書きなさい。

/5

1 □《おく》る ― むかえる
2 □《お》う ― にげる
3 □《くば》る ― 集める
4 □《よこ》 ― たて
5 □《かえ》す ― かりる

配　追　横　送　返

10 ここにシールをはろう！

解答《かいとう》（答え）は別冊《べっさつ》4ページ

気持ちの漢字《かんじ》（感想注意苦決幸悲）

感

13画

読み：カン

部首《ぶしゅ》：心

部首名：こころ

感感感感

想

13画

読み：ソウ　ソ㊁

部首：心

部首名：こころ

想想想想

注

8画

読み：チュウ　そそ（ぐ）

部首：氵

部首名：さんずい

意

13画

読み：イ

部首：心

部首名：こころ

意意意意

苦

8画

読み：ク　くる（しい）・くる（しむ）　くる（しめる）　にが（い）・にが（る）

部首：艹

部首名：くさかんむり

決

7画

読み：ケツ　き（める）　き（まる）

部首：氵

部首名：さんずい

幸

8画

読み：コウ　さいわ（い）　しあわ（せ）・さち㊥

部首：干

部首名：かん　いちじゅう

悲

12画

読み：ヒ　かな（しい）　かな（しむ）

部首：心

部首名：こころ

悲悲悲

練《れん》習《しゅう》問《もん》題《だい》

1

次《つぎ》の——線の**漢字**《かんじ》の**読みがな**を（　）の中に書きなさい。

／11

1. コンクールで入賞《にゅうしょう》が決まって幸せだ。
2. 悲しい物語《ものがたり》を読むのは苦手だ。
3. 多くの意見を聞くことに力を注ぐ。
4. 悲鳴のした方向に注目する。
5. かぜを引いてこきゅうが苦しい。
6. ごみ拾いをしたことを感想文に書く。

2

れいのように**同じなかま**の**漢字**《かんじ》を線でつなぎなさい。

〈れい〉 入 会 ●——● 今

／5

1	心	感 ・	・ 送
2	辶	返 ・	・ 意
3	亻	他 ・	・ 柱
4	食	館 ・	・ 飲
5	木	橋 ・	・ 住

10 ここにシールをはろう！

解答《かいとう》（答え）は別冊《べっさつ》4ページ

1 次《つぎ》の（　）にあてはまる漢字《かんじ》を、後の□からえらんで書きなさい。

/6

① 九（　）《しゅう》にある山に登《のぼ》る。

② （　）《しゅう》合場所を決める。

集　州　週

③ セミが電（　）《ちゅう》にとまる。

④ 車に（　）《ちゅう》意して道をわたる。

柱　昼　注

⑤ 校内放（　）《そう》を聞く。

⑥ 本の感（　）《そう》を話す。

送　想　走

2 次《つぎ》の□の中に漢字《かんじ》を書きなさい。

/8

① □《きょ》年買った本を読み□《かえ》す。

② ゴールに□《む》かって走る。

③ デパートの□□《かいてん》の時間だ。

④ □《け》しゴムを□《お》とした。

⑤ 早□《お》きすると気□《も》ちがよい。

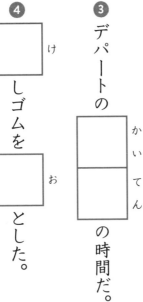

3

次《つぎ》の漢字《かんじ》を〔　〕内のように読むとき、**送りがな（ひらがな）のつけ方が正しいもの**を｛　｝からえらび、（　）の中に書きなさい。

〈れい〉大〔おおきい〕｛大きい　大い｝（大きい）

□／4

❶ 転〔ころがす〕｛転がす　転す｝（　　）

❷ 悲〔かなしい〕｛悲しい　悲い｝（　　）

❸ 遊〔あそぶ〕｛遊そぶ　遊ぶ｝（　　）

❹ 写〔うつす〕｛写す　写つす｝（　　）

4

次《つぎ》の□の中に漢字《かんじ》を書きなさい。

□／8

❶ □□《しんぱい》で夜もねむれない。

❷ ボールを□《お》いかけて□《ひろ》う。

❸ □□《ゆうめい》なお茶を□《の》む。

❹ □□《むぎばたけ》で弟を□《ま》つ。

❺ 古い新聞を□□《せいり》する。

ここにシールをはろう！

解答《かいとう》（答え）は別冊《べっさつ》5ページ

漢字《かんじ》で遊ぼう!
3週目

わくわく広場 3

今週は
どんな漢字を
学ぶまる?

漢字《かんじ》と漢字の間を通って、
山の上までハイキングだ。
①と②のうち、どちらの道をえらべば、
山の上のゴールまで行けるかな?

10

3週目に学ぶ漢字だよ

医血死指歯者身息皮鼻病命薬悪暗温急昭真深

相短童美研究育化漢曲詩習問題帳調笛筆勉予

解答《かいとう》（答え）は別冊《べっさつ》12ページ

10

ここにシールをはろう！

10 13日目

命《いのち》・体の漢字《かんじ》（医血死指歯者身息）

漢字	画数	読み	部首《ぶしゅ》	部首名
医	7画	イ	匸	かくしがまえ
血	6画	ケツ　ち	血	ち
死	6画	シ　し(ぬ)	歹	かばねへん　いちたへん　がつへん
指	9画	シ　ゆび　さ(す)	扌	てへん
歯	12画	シ　は	歯	は
者	8画	シャ　もの	耂	おいかんむり　おいがしら
身	7画	シン　み	身	み
息	10画	ソク　いき	心	こころ

練習問題《れんしゅうもんだい》

1 次《つぎ》の――線の**漢字《かんじ》**の**読みがな**を（　）の中に書きなさい。

1. ドアに指をはさんで出血した。（　　）（　　）
2. 息をはいて全《ぜん》身の力をぬく。（　　）（　　）
3. 死んだ金魚のおはかを作る。（　　）
4. 医者からの注意にしたがう。（　　）（　　）
5. 二丁目のグラウンドを使用する。（　　）（　　）
6. 毎食後、歯をみがくと決めた。（　　）（　　）

／11

2 次《つぎ》の**漢字《かんじ》**を画数（漢字を書くときの点や線の数）の少ないものから**順番《じゅんばん》**に、□の中に書きなさい。

血・想・歯・医・都
息・談・指・幸・緑

／10

ここにシールをはろう！

解答《かいとう》（答え）は別冊《べっさつ》5ページ

14日目

命・体の漢字《かんじ》（皮鼻病命薬）／様子《ようす》・程度《ていど》の漢字（悪暗温）

皮

5画

読み：ヒ／かわ

部首《ぶしゅ》：皮

部首名：けがわ

鼻

14画

読み：ビ㊥／はな

部首：鼻

部首名：はな

病

10画

読み：ビョウ・ヘイ㊫／やまい／や(む)㊥

部首：疒

部首名：やまいだれ

命

8画

読み：メイ／ミョウ㊥／いのち

部首：口

部首名：くち

薬

16画

読み：ヤク／くすり

部首：艹

部首名：くさかんむり

悪

11画

読み：アク／オ㊫／わる(い)

部首：心

部首名：こころ

暗

13画

読み：アン／くら(い)

部首：日

部首名：ひへん

温

12画

読み：オン／あたた(か)・あたた(かい)／あたた(まる)／あたた(める)

部首：氵

部首名：さんずい

練習問題《れんしゅうもんだい》

1 次《つぎ》の——線の**漢字**《かんじ》の**読みがな**を（　）の中に書きなさい。

❶ 命にかかわる病気ではない。（　）（　）

❷ 冬の朝は空が暗くて気温がひくい。（　）（　）（　）

❸ たまごの黄身をごはんにのせる。（　）

❹ 鼻をぶつけて血が流れ出てきた。（　）（　）（　）

❺ 植物《しょくぶつ》の皮から薬を作る。（　）（　）

❻ 顔色が悪いので病院へ行く。（　）（　）

／11

2 次《つぎ》の——線の**漢字**《かんじ》の**読みがな**を（　）の中に書きなさい。

❶ 温室（　）

❷ 温かい（　）

❸ 薬品《ひん》（　）

❹ 目薬（　）

❺ 遊具（　）

❻ 遊び（　）

❼ 医者（　）

❽ 人気者（　）

／8

3週目

10 ここにシールをはろう！

解答《かいとう》（答え）は別冊《べっさつ》5ページ

15日目

様《よう》子《す》・程《てい》度《ど》の漢《かん》字《じ》（急昭真深相短童美）

急

9画

読み：キュウ、いそ（ぐ）

部首《ぶしゅ》：心

部首名：こころ

昭

9画

読み：ショウ

部首：日

部首名：ひへん

真

10画

読み：シン、ま

部首：目

部首名：め

真

深

11画

読み：シン、ふか（い）・ふか（まる）、ふか（める）

部首：氵

部首名：さんずい

深深

相

9画

読み：ソウ、ショウ㊥、あい

部首：目

部首名：め

短

12画

読み：タン、みじか（い）

部首：矢

部首名：やへん

短短短

童

12画

読み：ドウ、わらべ㊥

部首：立

部首名：たつ

童童童

美

9画

読み：ビ、うつく（しい）

部首：羊

部首名：ひつじ

1 次《つぎ》の──線の漢字《かんじ》の読みがなを（　）の中に書きなさい。

①美しい雲の写真をとる。（　）（　）

②この駅は昭和のはじめにできた。（　）

③短い時間に三本の急行電車が通った。（　）（　）

④相手が放った矢が、まとに命中した。（　）（　）

⑤弟は急いで九九を暗記した。（　）（　）（　）

⑥深い森がぶたいの童話を読む。（　）（　）

／11

2 次《つぎ》の□の中に漢字《かんじ》を書きなさい。

①□《きゅう》に真っ□《くら》になった。

②ゾウの□《はな》は長い。

③父は□《しん》長が母よりも高い。

④作□《しゃ》に□□《そうだん》する。

⑤体□《おん》計と□《くすり》を買った。

／8

3週目

10 ここにシールをはろう！

解答《かいとう》（答え）は別冊《べっさつ》6ページ

研
9画
読み：ケン、と(ぐ)㊥
部首：石
部首名：いしへん
研研研研研研

究
7画
読み：キュウ、きわ(める)㊥
部首：穴
部首名：あなかんむり
究究究究究究

育
8画
読み：イク、そだ(つ)・そだ(てる)、はぐく(む)
部首：肉
部首名：にく
育育育育育育育

化
4画
読み：カ・ケ㊥、ば(ける)、ば(かす)
部首：ヒ
部首名：ひ
化化化化

漢
13画
読み：カン
部首：氵
部首名：さんずい
漢漢漢漢漢漢漢漢

曲
6画
読み：キョク、ま(がる)、ま(げる)
部首：曰
部首名：ひらび、いわく
曲曲曲曲曲

詩
13画
読み：シ
部首：言
部首名：ごんべん
詩詩詩詩詩詩詩詩詩詩

習
11画
読み：シュウ、なら(う)
部首：羽
部首名：はね
習習習習習習習習習習

1

次《つぎ》の——線の**漢字**の**読みがな**を（　）の中に書きなさい。

1. 化石のなりたちを研究する。
2. いちまるは漢字が大すきだ。
3. 畑に植えたナスが育つ。
4. 木の真下を深くほる。
5. 体育でクロールの泳ぎ方を習った。
6. 昔《むかし》作られた名曲に、詩をつける。

／11

2

次《つぎ》の——線の**カタカナ**を○の中の**漢字**と**送りがな**（**ひらがな**）で□の中に書きなさい。

〈れい〉㊅大 **オオキイ**花がさく。　大きい

1. 育　いろいろな野菜《やさい》を**ソダテル**。
2. 温　**アタタカイ**ごはんをよそう。
3. 注　コップに水を**ソソグ**。
4. 急　友だちの待つ公園へ**イソグ**。
5. 曲　うでを**マゲル**と力こぶができる。

／5

ここにシールをはろう！

解答《かいとう》（答え）は別冊《べっさつ》6ページ

17日目

学校・勉強の漢字（問題帳調笛筆勉予）

問

11画

- 読み：モン、と（う）、と（い）・とん
- 部首《ぶしゅ》：口
- 部首名：くち

問問

題

18画

- 読み：ダイ
- 部首：頁
- 部首名：おおがい

題題題題題題題題題

帳

11画

- 読み：チョウ
- 部首：巾
- 部首名：はばへん　きんべん

帳帳

調

15画

- 読み：チョウ、しら（べる）、ととの（う）中、ととの（える）中
- 部首：言
- 部首名：ごんべん

調調調調調調

笛

11画

- 読み：テキ、ふえ
- 部首：⺮
- 部首名：たけかんむり

笛笛

筆

12画

- 読み：ヒツ、ふで
- 部首：⺮
- 部首名：たけかんむり

筆筆筆

勉

10画

- 読み：ベン
- 部首：力
- 部首名：ちから

勉

予

4画

- 読み：ヨ
- 部首：亅
- 部首名：はねぼう

予

1

次《つぎ》の――線の**漢字**の**読みがな**を（　）の中に書きなさい。

/11

1. 口笛の鳴る仕組《しく》みを調べる。（　）（　）（　）
2. 今日の勉強時間を手帳に書いておく。（　）（　）（　）
3. おなかの調子がよくなった。（　）
4. 言葉の意味を書かせる問いだ。（　）（　）（　）
5. 筆箱《ばこ》の中にえん筆をしまう。（　）（　）（　）
6. しけんに出る問題について予想する。（　）（　）（　）

2

同じなかまの漢字を後の［　］からえらんで□の中に書きなさい。

/8

1. くさかんむり（艹）……□《お》ち葉・□《にが》い
2. ごんべん（言）……下□《しら》べ・相□《だん》
3. たけかんむり（⺮）……□《ふで》・たて□《ぶえ》
4. こころ（心）……□《きゅう》用・□《かん》心

［筆・調・笛・談・急・苦・感・落］

ここにシールをはろう！

解答《かいとう》（答え）は別冊《べっさつ》6ページ

18日目

復習《ふくしゅう》問題

1 次《つぎ》の□の中に**漢字**を書き、上の**ことば**と**反対**《はんたい》**の意味のことば**をむすびなさい。

／5

❶ 明るい ・　　・ □《わる》い

❷ のばす ・　　・ □《お》とす

❸ 自分 ・　　・ □《くら》い

❹ よい ・　　・ □《ま》げる

❺ 拾う ・　　・ □《あい》手

2 次《つぎ》の□の中に**漢字**を書きなさい。

／8

❶ □《にが》いかぜ□《ぐすり》をのむ。

❷ 二学期《がっき》から□□《てんこう》する予定《よてい》だ。

❸ 日曜日に□《ふえ》をふいて□《あそ》ぶ。

❹ お□《ば》けの話を聞いてこわくなる。

❺ 日記□《ちょう》に□□《かんそう》を書く。

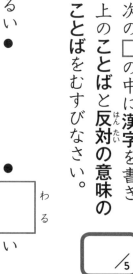

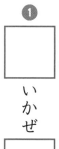

3週目

3

次《つぎ》の（　）にあてはまる**漢字**を書きなさい。

／6

❶ （　）《しん》長がのびる。

❷ クラス全員《ぜんいん》で写（　）《しん》をとる。

❸ （　）《けつ》意をかたくする。

❹ ひざから出（　）《けつ》した。

❺ 火事《かじ》による（　）《し》者が出た。

❻ 学校で（　）《し》科けんしんを受ける。

4

次《つぎ》の□の中に**漢字**を書きなさい。

／8

❶ 家族《かぞく》の□《しあわ》せをねがう。

❷ □□《たいいく》館に集まる。

❸ □《びょう》気について□《しら》べる。

❹ 木の□《かわ》を□□《けんきゅう》する。

❺ □《みじか》いチョークを□《ゆび》でつまむ。

10 ここにシールをはろう！

解答《かいとう》（答え）は別冊《べっさつ》6、7ページ

漢字で遊ぼう！
4週目

わくわく広場 4

今週は
どんな漢字を
学ぶまる？

あ 昔
い 両
う 品
え 章
お 業

ひめ、お守《まも》りいたす！　にんじゃの「漢字しゅりけん」を、
スパーンと刀でたてにまっぷたつだ！
切る前はあ～おのどれだったのかな？
「漢字しゅりけん」の左上の○の中に、
あ～おからえらんで記号《きごう》を書こう。

かがみをおくと、
よくわかるよ

10

4週目に学ぶ漢字だよ

運動球進速打投練期級号次章昔全代第定度倍

秒部両列宮祭式守神着福礼仕事商品安荷業庫

解答《かいとう》（答え）は別冊《べっさつ》12ページ

10

ここにシールをはろう！

運動・体育の漢字（運動球進速打投練）

運

読み	部首《ぶしゅ》	部首名	画数
ウン はこ(ぶ)	辶	しんにょう しんにゅう	12画

動

読み	部首	部首名	画数
ドウ うご(く) うご(かす)	力	ちから	11画

球

読み	部首	部首名	画数
キュウ たま	王	おうへん たまへん	11画

進

読み	部首	部首名	画数
シン すす(む) すす(める)	辶	しんにょう しんにゅう	11画

速

読み	部首	部首名	画数
ソク はや(い)・はや(める) はや(まる)・すみ(やか)㊥	辶	しんにょう しんにゅう	10画

打

読み	部首	部首名	画数
ダ う(つ)	扌	てへん	5画

投

読み	部首	部首名	画数
トウ な(げる)	扌	てへん	7画

練

読み	部首	部首名	画数
レン ね(る)	糸	いとへん	14画

1

次《つぎ》の――線の**漢字**の**読みがな**を（　）の中に書きなさい。

／11

1. 時速六十キロメートルで進む。（　）（　）
2. 野球の道具をグラウンドへ運ぶ。（　）（　）
3. うでをふって元気に行進する。（　）
4. 弟の投げたボールを打つ。（　）（　）
5. 運動会で勝《か》つための作戦《さくせん》を練る。（　）（　）
6. かげでお化けが動いた気がした。（　）（　）

2

次《つぎ》の――線の**漢字**の**読みがな**を（　）の中に書きなさい。

／6

1. ボールの速度《ど》をはかる。（　）
2. こまの回転がとても速い。（　）
3. 悪人たちが心を入れかえた。（　）
4. 道が悪くてバスがゆれた。（　）
5. 船が汽笛を鳴らしている。（　）
6. 口笛をふきながら歩く。（　）

10
ここにシールをはろう！

解答《かいとう》（答え）は別冊《べっさつ》7ページ

数・単《たん》位《い》の漢字（期級号次章昔全代）

期

12画

読み	部首《ぶしゅ》	部首名
キ ゴ㊢	月	つき

期期期

級

9画

読み	部首	部首名
キュウ	糸	いとへん

号

5画

読み	部首	部首名
ゴウ	口	くち

次

6画

読み	部首	部首名
ジ シ㊥ つ(ぐ)・つぎ	欠	あくび かける

章

11画

読み	部首	部首名
ショウ	立	たつ

章章

昔

8画

読み	部首	部首名
シャク㊥ セキ㊢ むかし	日	ひ

全

6画

読み	部首	部首名
ゼン まった(く) すべ(て)	入	いる

代

5画

読み	部首	部首名
ダイ・タイ か(わる)・か(える) よ・しろ㊥	イ	にんべん

1 次の――線の漢字の読みがなを（　）の中に書きなさい。

❶ かぎられた期間（　　）で文章（　　）を書く。

❷ チューリップの球根（　　）を植（　　）える。

❸ 全（　　）員《いん》がごはんをお代（　　）わりした。

❹ 次回（　　）は木曜日に練習（　　）がある。

❺ 学級会（　　）でするゲームには記号（　　）を使う。

❻ 昔（　　）書いていた日記帳（　　）を読み返す。

／11

2 次の□の中に漢字を書きなさい。

❶ 日本の□《むかし》話と□《どう》話がすきだ。

❷ □《うつく》しい□《きょく》を作る。

❸ □《つぎ》のテストまで□《べん》強する。

❹ 明日から一□《がっ》□《き》が始《はじ》まる。

❺ テレビで時□《だい》げきを見る。

／8

4週目

10 ここにシールをはろう！

10/21 日目

数・単《たん》位《い》の漢字（第定度倍秒部両列）

第
11画
読み：ダイ
部首：⺮
部首名：たけかんむり

第第

定
8画
読み：テイ・ジョウ　さだ(める)　さだ(まる)　さだ(か)(高)
部首：宀
部首名：うかんむり

度
9画
読み：ド・タク(中)　ト(高)　たび(中)
部首：广
部首名：まだれ

倍
10画
読み：バイ
部首：亻
部首名：にんべん

倍

秒
9画
読み：ビョウ
部首：禾
部首名：のぎへん

部
11画
読み：ブ
部首：阝
部首名：おおざと

部部

両
6画
読み：リョウ
部首：一
部首名：いち

列
6画
読み：レツ
部首：刂
部首名：りっとう

1 次の——線の漢字の読みがなを（　）の中に書きなさい。

／11

1. 理科で地面《じめん》の温度をはかる予定だ。
2. ロケットの第三号を打ち上げた。
3. 学校で漢字とかけ算の筆算を習った。
4. 野球部の大会の日時が決定した。
5. 両方の足のつま先で十秒立つ。
6. 行列の長さがさっきの二倍になった。

2 同じなかまの漢字を後の□からえらんで□の中に書きなさい。

／8

1. まだれ（广）……中□《にわ》・速□《ど》
2. のぎへん（禾）……□《か》学者・一□《びょう》
3. おおざと（阝）……□《ぶ》分・大□《と》市
4. うかんむり（宀）……指□《てい》・□《じつ》力

庭・都・部・実・秒・科・度・定

ここにシールをはろう！

解答《かいとう》（答え）は別冊《べっさつ》7ページ

祭り・行事《ぎょうじ》の漢字（宮祭式守神着福礼）

宮

10画

読み	部首	部首名
キュウ・グウ㊥ ク㊢ みや	宀	うかんむり

祭

11画

読み	部首	部首名
サイ まつ(る) まつ(り)	示	しめす

式

6画

読み	部首	部首名
シキ	弋	しきがまえ

守

6画

読み	部首	部首名
シュ・ス まも(る) も(り)㊥	宀	うかんむり

神

9画

読み	部首	部首名
シン・ジン かみ・かん㊥ こう㊢	礻	しめすへん

着

12画

読み	部首	部首名
チャク・ジャク㊢ き(る)・き(せる) つ(く)・つ(ける)	羊	ひつじ

福

13画

読み	部首	部首名
フク	礻	しめすへん

礼

5画

読み	部首	部首名
レイ ライ㊢	礻	しめすへん

1

次の――線の漢字の読みがなを（　）の中に書きなさい。

1. 入学式の会場にようやく着いた。
2. 今の幸福なくらしを守る。
3. お宮に海の神様《さま》をまつる。
4. 父と母にお礼を言う。
5. いちまるはお祭りではっぴを着た。
6. 水泳で一着になれず、ため息をつく。

/11

2

次の漢字の太いところは何番目に書きますか。正しい数字に○をつけなさい。

1. 宮　10　9
2. 第　11　10
3. 神　9　5
4. 式　6　5
5. 両　6　4
6. 福　13　10

/6

解答《かいとう》（答え）は別冊《べっさつ》8ページ

10/23 日目

くらし・仕事の漢字（仕事商品安荷業庫）

仕

5画

読み：シ／ジ(高)／つか(える)

部首：亻　部首名：にんべん

仕仕仕仕仕

事

8画

読み：ジ／ズ(高)／こと

部首：亅　部首名：はねぼう

事事事事事事事事

商

11画

読み：ショウ／あきな(う)(中)

部首：口　部首名：くち

商商商商商商商商商商商
商商

品

9画

読み：ヒン／しな

部首：口　部首名：くち

品品品品品品品品品

安

6画

読み：アン／やす(い)

部首：宀　部首名：うかんむり

安安安安安安

荷

10画

読み：カ(中)／に

部首：艹　部首名：くさかんむり

荷荷荷荷荷荷荷荷荷荷
荷

業

13画

読み：ギョウ／ゴウ(高)／わざ(中)

部首：木　部首名：き

業業業業業業業業業業業業業
業業業業

庫

10画

読み：コ／ク(高)

部首：广　部首名：まだれ

庫庫庫庫庫庫庫庫庫庫
庫

練習問題

1

次の——線の漢字の読みがなを（　）の中に書きなさい。

/11

1 商品をたなにならべる仕事をする。

2 休み時間に学級文庫の本を読む。

3 神社で交通安全のお守りをもらう。

4 学校の行事の一つに夏祭りがある。

5 荷台の上で作業をする。

6 兄は安いねだんで部屋をかりている。

2

次の（　）にあてはまる漢字を書きなさい。

/6

1 おかしの（　）《だい》金をはらう。

2 宿《しゅく》（　）《だい》を夕食の前にすませる。

3 考えを文（　）《しょう》にまとめる。

4 近くの（　）《しょう》店がいで買い物《もの》をする。

5 （　）《びょう》気がなおった。

6 走ったタイムは九（　）《びょう》だった。

4週目

ここにシールをはろう！

解答《かいとう》（答え）は別冊《べっさつ》8ページ

1 次の（　）にあてはまる**漢字**を書きなさい。

/6

① （　）《あん》算で引き算の答えを出す。

② 台風が去って（　）《あん》心した。

③ （　）《じ》回の放送が楽しみだ。

④ 家の前で工《こう》（　）《じ》をしている。

⑤ 自分の（　）《たん》所を知る。

⑥ 汽車は石（　）《たん》をもやして走る。

2 次の□の中に**漢字**を書きなさい。

/8

① □□《うんどう》場で球を□《な》げる。

② たいこを□《う》つ□□《れんしゅう》中だ。

③ 走る□□《そくど》を上げる。

④ □□《りょうて》で□《に》物《もつ》を持つ。

⑤ 地図に□□《きごう》をかきこむ。

3

（　）の中に漢字を書いて、上と反対《はんたい》の意味のことばにしなさい。

1. 止まる ―（すす）む
2. せめる ―（まも）る
3. 点　火 ―（しょう）火
4. 全　体 ―（ぶ）分
5. 今 ―（むかし）

／5

4

次の□の中に漢字を書きなさい。

1. 日本□□《れっとう》は南北に長い。
2. □《ふく》引きをする□□《よてい》だ。
3. 人の□□《なんばい》も努力《どりょく》した。
4. 計算□□《もんだい》の□《しき》を書く。
5. □《まつ》りで□□《しょうひん》を買う。

／8

10 ここにシールをはろう！

解答《かいとう》（答え）は別冊《べっさつ》8ページ

漢字で遊ぼう！
5週目

わくわく広場 5

夜の漢字博物館《はくぶつかん》にどろぼうが入った！
ぬすまれた物《もの》は六つだよ。
「昼」と「夜」とを見くらべて、
ぬすまれた物がどれなのか、
「昼」の漢字に○をつけよう。

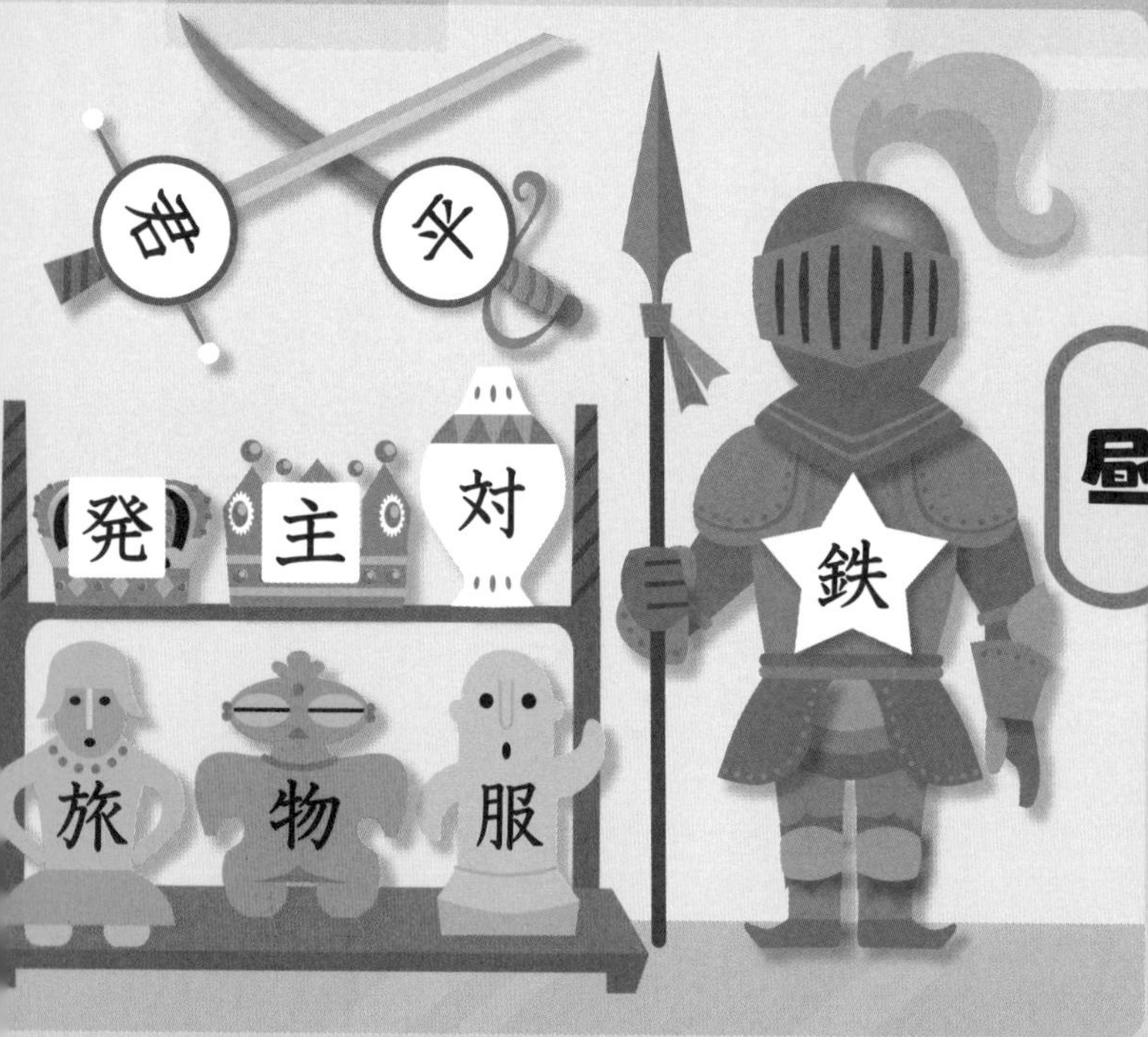

10
5週目に学ぶ漢字だよ

乗客宿農箱服物旅委員君係主族役様銀鉄平等

反対表面始終寒暑軽重勝負登発坂板取助申由

解答《かいとう》（答え）は別冊《べっさつ》13ページ

10
ここにシールをはろう！

10/25日目

くらし・仕事の漢字（乗客宿農箱服物旅）

乗

読み：ジョウ　の(る)　の(せる)

部首：ノ

部首名：のはらいぼう

9画

客

読み：キャク　カク㊥

部首：宀

部首名：うかんむり

9画

宿

読み：シュク　やど・やど(る)　やど(す)

部首：宀

部首名：うかんむり

11画

農

読み：ノウ

部首：辰

部首名：しんのたつ

13画

箱

読み：はこ

部首：⺮

部首名：たけかんむり

15画

服

読み：フク

部首：月

部首名：つきへん

8画

物

読み：ブツ　モツ　もの

部首：牛

部首名：うしへん

8画

旅

読み：リョ　たび

部首：方

部首名：ほうへん　かたへん

10画

1 次の――線の**漢字**の**読みがな**を（　）の中に書きなさい。

/11

1 旅先での思い出を詩に書いた。

2 農家の仕事を調べる宿題が出た。

3 大きな船に乗って旅行をしたい。

4 たくさんの客がバスに乗車する。

5 買った品物を空いている箱にしまう。

6 長そでの服にころもがえする。

2 次の**漢字**の**太いところ**は**何番目**に書きますか。○の中に**数字**を書きなさい。

/6

1 客…○

2 庫…○

3 農…○

4 宿…○

5 研…○

6 旅…○

ここにシールをはろう！

解答《かいとう》（答え）は別冊《べっさつ》9ページ

10 26日目

立場・役割《やくわり》の漢字（委員君係主族役様）

委
8画
- 読み：イ／ゆだ(ねる)
- 部首：女
- 部首名：おんな

委委委委委委委委

員
10画
- 読み：イン
- 部首：口
- 部首名：くち

員員員員員員員員員員

君
7画
- 読み：クン／きみ
- 部首：口
- 部首名：くち

君君君君君君君

係
9画
- 読み：ケイ／かか(る)／かかり
- 部首：亻
- 部首名：にんべん

係係係係係係係係係

主
5画
- 読み：シュ・ス㊫／ぬし／おも
- 部首：丶
- 部首名：てん

主主主主主

族
11画
- 読み：ゾク
- 部首：方
- 部首名：ほうへん／かたへん

族族族族族族族族族族族

役
7画
- 読み：ヤク／エキ㊥
- 部首：彳
- 部首名：ぎょうにんべん

役役役役役役役

様
14画
- 読み：ヨウ／さま
- 部首：木
- 部首名：きへん

様様様様様様様様様様様様様様

1

次の――線の漢字の読みがなを（　）の中に書きなさい。

/11

1 王様は多くの家来をつれていた。（　）

2 山田君をさそって神社に行く。（　）（　）

3 命を助《たす》けてくれた人にお礼を言う。（　）（　）

4 家族で落とし物の持ち主をさがす。（　）（　）

5 クラス委員がそうじの係を決める。（　）（　）

6 今度のげきの主役は、君だ。（　）（　）

2

次の（　）にあてはまる漢字を書きなさい。

/8

1 農（や　く）をまいて害虫《がいちゅう》をふせぐ。

2 家のとなりは市（や　く）所だ。

3 今にも雨がふりそうな（よ　う）子だ。

4 家のトイレは（よ　う）式だ。

5 まんがの（し　ゅ）人公にあこがれる。

6 日本（し　ゅ）は米から作る。

7 おじは火山の研（きゅう）をしている。

8 野（きゅう）のチームに入る。

5週目

ここにシールをはろう！

解答《かいとう》（答え）は別冊《べっさつ》9ページ

金《きん》属《ぞく》の漢字（銀鉄）／似《に》た意味の漢字（平等反対表面）

銀
14画
読み：ギン
部首：金
部首名：かねへん

鉄
13画
読み：テツ
部首：金
部首名：かねへん

平
5画
読み：ヘイ・ビョウ　たい(ら)　ひら
部首：干
部首名：かん　いちじゅう

等
12画
読み：トウ　ひと(しい)
部首：⺮
部首名：たけかんむり

反
4画
読み：ハン・タン㊥　ホン㊂　そ(る)・そ(らす)
部首：又
部首名：また

対
7画
読み：タイ　ツイ㊥
部首：寸
部首名：すん

表
8画
読み：ヒョウ　おもて・あらわ(す)　あらわ(れる)
部首：衣
部首名：ころも

面
9画
読み：メン　おも㊥・おもて㊥　つら㊂
部首：面
部首名：めん

1 次の――線の**漢字**の**読みがな**を（　）の中に書きなさい。

/11

① 銀色にかがやく水平線が見える。（　）（　）
② 鉄ぼうで体を反らす。（　）（　）
③ 地面をけってとび箱をとぶ。（　）（　）
④ 家族四人でようかんを等分する。（　）
⑤ 昔からある農園の写真を表紙に使う。（　）（　）（　）
⑥ 駅と反対の方向に歩くとお宮に着く。（　）（　）（　）

2 次の――線の**漢字**の**読みがな**を（　）の中に書きなさい。

/6

① 世界の平和をねがう。（　）
② かれは平泳ぎが上手だ。（　）
③ かけっこで一等になった。（　）
④ 両方の長さは等しい。（　）
⑤ 乗客がきっぷを落とした。（　）
⑥ 電車の先頭車両に乗る。（　）

5週目

10 ここにシールをはろう！

10/28日目

反対の意味の漢字（始終寒暑軽重勝負）

始

8画

読み：シ／はじ(める)／はじ(まる)

部首：女　部首名：おんなへん

終

11画

読み：シュウ／お(わる)／お(える)

部首：糸　部首名：いとへん

終終

寒

12画

読み：カン／さむ(い)

部首：宀　部首名：うかんむり

寒寒寒

暑

12画

読み：ショ／あつ(い)

部首：日　部首名：ひ

暑暑暑

軽

12画

読み：ケイ／かる(い)／かろ(やか)中

部首：車　部首名：くるまへん

軽軽軽

重

9画

読み：ジュウ・チョウ／え・おも(い)／かさ(ねる)／かさ(なる)

部首：里　部首名：さと

勝

12画

読み：ショウ／か(つ)／まさ(る)中

部首：力　部首名：ちから

勝勝勝

負

9画

読み：フ／ま(ける)／ま(かす)・お(う)

部首：貝　部首名：かい／こがい

1

次の――線の漢字の読みがなを（　）の中に書きなさい。

/11

1 しんけん勝負の試合《しあい》が終わった。

2 先月の始業式はとても寒い日だった。

3 いちまるの体重は軽い。

4 質問《しつもん》に対して答える。

5 二重とびの大会で勝つ。

6 夏の地下鉄の駅は暑かった。

2

次の――線のカタカナを○の中の漢字と送りがな（ひらがな）で□の中に書きなさい。

/5

〈れい〉㊅大 オオキイ花がさく。　大きい

1 等　二本の線の長さはヒトシイ。

2 始　コンサートがハジマル。

3 重　いくつかの本をカサネル。

4 平　ヒラタイ皿にもりつける。

5 定　きちんとルールをサダメル。

10 ここにシールをはろう！

解答《かいとう》（答え）は別冊《べっさつ》9ページ

10/29 日目

似《に》た形の漢字（登発坂板取助申由）

登

12画

読み：トウ／ト／のぼ(る)

部首：癶　部首名：はつがしら

登登登登

発

9画

読み：ハツ／ホツ㊥

部首：癶　部首名：はつがしら

発

坂

7画

読み：ハン㊝／さか

部首：土　部首名：つちへん

坂坂

板

8画

読み：ハン／バン／いた

部首：木　部首名：きへん

板板

取

8画

読み：シュ／と(る)

部首：又　部首名：また

取取

助

7画

読み：ジョ／たす(ける)／たす(かる)・すけ㊥

部首：力　部首名：ちから

助助

申

5画

読み：シン㊥／もう(す)

部首：田　部首名：た

申

由

5画

読み：ユ・ユウ／ユイ㊝／よし㊝

部首：田　部首名：た

由由由

練習問題

1

次の——線の**漢字**の**読みがな**を（　）の中に書きなさい。

/11

1. 自由な服そうで登校する。（　　）（　　）
2. 画板を図工室へ取りに行く。（　　）（　　）（　　）
3. のこぎりで板を半分に切る。（　　）
4. 発表会でミスをした友だちを助けた。（　　）（　　）
5. 木に登ると遠くに坂道が見えた。（　　）（　　）
6. 水族館のイベントに申しこむ。（　　）（　　）

2

同じなかまの漢字を後の［　］からえらんで□の中に書きなさい。

/8

1. ちから（力）……手□《だす》け・□《べん》強
2. にんべん（亻）……力□《し》事・新聞□《がかり》
3. はつがしら（癶）……□《はっ》見・山□《のぼ》り
4. くるまへん（車）……回□《てん》・□《かる》い

［発・助・勉・仕・登・転・係・軽］

ここにシールをはろう！

解答《かいとう》（答え）は別冊《べっさつ》10ページ

10 30日目

復《ふく》習《しゅう》問題

1 次の**漢字**の**太いところ**は**何番目**に書きますか。○の中に**数字**を書きなさい。

／6

① 係 …（　）

② 面 …（　）

③ 対 …（　）

④ 君 …（　）

⑤ 族 …（　）

⑥ 申 …（　）

2 次の□の中に**漢字**を書きなさい。

／8

① □《きゃく》船の□《あん》□《ぜん》を守る。

② 王□《さま》の□《よう》□《ふく》は新しい。

③ 図書□《い》員が本□《ばこ》を作った。

④ 学級□《ぶん》□《こ》を読む。

⑤ まな□《いた》の上で魚を切る。

3 （　）の中に漢字を書いて、上と反対の意味のことばにしなさい。

／5

1 終わる——（　）《はじ》まる

2 下　校——（　）《とう》校

3 負ける——（　）《か》つ

4 軽　い——（　）《おも》い

5 うれしい——（　）《かな》しい

4 次の□の中に漢字を書きなさい。

／8

1 犬のさんぽは姉の□《やく》目だ。

2 □《あつ》い日と□《さむ》い日の差《さ》が大きい。

3 □《さか》道で荷物を受け□《と》った。

4 □《ぎん》行ができた理□《ゆう》を調べる。

5 山でそうなんした人を□《たす》ける。

5週目

10 ここにシールをはろう！

解答《かいとう》（答え）は別冊《べっさつ》10ページ

おうちの方へ 「漢検」受検の際の注意点

【字の書き方】

問題の答えは楷書で大きくはっきり書きなさい。乱雑な字や続け字、また、行書体や草書体のようにくずした字は採点の対象とはしません。

特に漢字の書き取り問題では、答えの文字は教科書体をもとにして、はねるところ、とめるところなどもはっきり書きましょう。また、画数に注意して、一画一画を正しく、明確に書きなさい。

《例》

○熱　×熱

○言　×言

○糸　×糸

【字種・字体について】

(1) 日本漢字能力検定2～10級においては、「常用漢字表」に示された字種で書きなさい。つまり、表外漢字(常用漢字表にない漢字)を用いると、正答とは認められません。

《例》

○交差点　×交叉点　(「叉」が表外漢字)

○寂しい　×淋しい　(「淋」が表外漢字)

(2) 日本漢字能力検定2～10級においては、「常用漢字表」に示された字体で書きなさい。なお、「常用漢字表」に参考として示されている康熙《こうき》字典体など、旧字体と呼ばれているものを用いると、正答とは認められません。

《例》

○真　×眞

○涉　×渉

○飲　×飮

○迫　×迫

○弱　×弱

(3) 一部例外として、平成22年告示「常用漢字表」で追加された字種で、許容字体として認められているものや、その筆写文字と印刷文字との差が習慣の相違に基づくとみなせるものは正答と認めます。

《例》

餌 → 餌 と書いても可

遜 → 遜 と書いても可

葛 → 葛 と書いても可

溺 → 溺 と書いても可

箸 → 箸 と書いても可

注意

(3)において、どの漢字が当てはまるかなど、一字一字については、当協会発行図書(2級対応のもの)掲載の漢字表で確認してください。

テストにチャレンジ！

今までの学習の総《そう》まとめをしてみましょう。

検定《けんてい》を受けるときに気をつけることを記しました。
これを読んでから、じっさいの検定のつもりで問題をといてください。

テストの見方

「テストにチャレンジ！」は、段《だん》ごとに右ページから左ページへつづけて見てください。

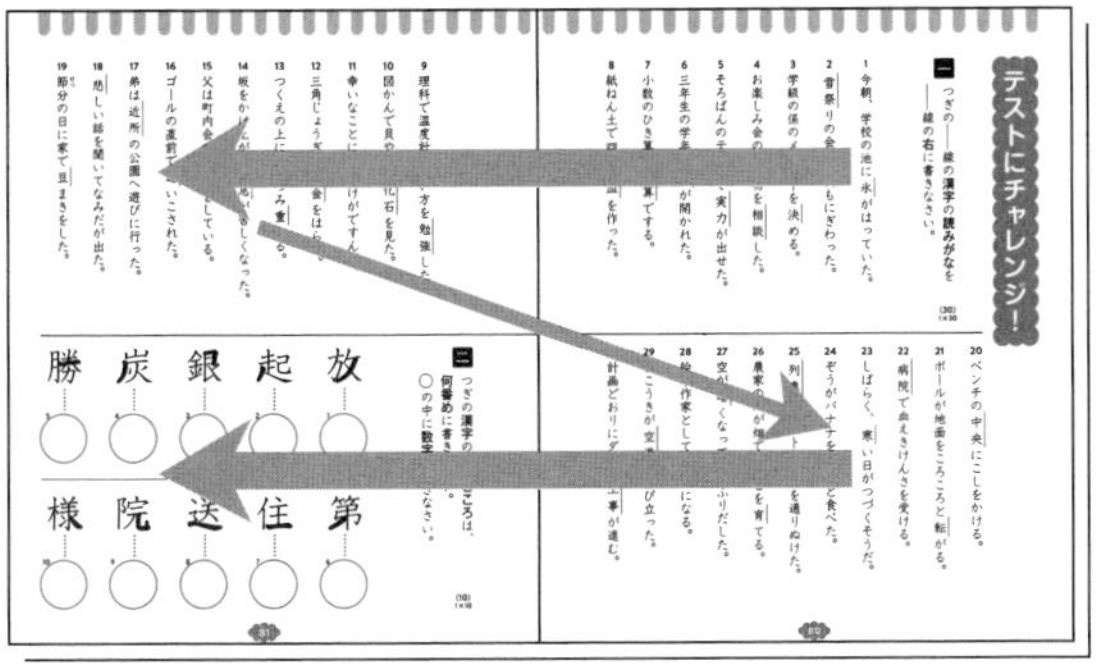

- 8級の検定時間は40分です。合図があるまで、始めてはいけません。
- 8級の検定の問題用紙は2まい（おもてとうらで4ページ）あります。2まい目のうらまでわすれずにやりましょう。

※ この本では80〜85の6ページあります。

- 8級の問題用紙と答案《とうあん》用紙は、べつべつになっていません。答えは全て、問題用紙にそのまま書きこんでください。
- 答えはえんぴつではっきり、ていねいに書きましょう。
- まちがったところは消しゴムできれいに消してから、書きなおしましょう。

テストにチャレンジ！

一 つぎの――線の**漢字**の**読みがな**を――線の**右**に書きなさい。

(30) 1×30

1 今朝、学校の池に氷がはっていた。

2 雪祭りの会場は夜もにぎわった。

3 学級の係のメンバーを決める。

4 お楽しみ会の出し物を相談した。

5 そろばんのテストで実力が出せた。

6 三年生の学年集会が開かれた。

7 小数のひき算を筆算でする。

8 紙ねん土で四角い皿を作った。

20 ベンチの中央にこしをかける。

21 ボールが地面をころころと転がる。

22 病院で血えきけんさを受ける。

23 しばらく、寒い日がつづくそうだ。

24 ぞうがバナナを皮ごと食べた。

25 列車が長いトンネルを通りぬけた。

26 農家の人が畑でいちごを育てる。

27 空が暗くなって雨がふりだした。

28 絵本作家として有名になる。

29 ひこうきが空港をとび立った。

30 計画どおりにダムの工事が進む。

9 理科で温度計の使い方を勉強した。

10 図かんで貝や魚の化石を見た。

11 幸いなことに軽いけがですんだ。

12 三角じょうぎの代金をはらう。

13 つくえの上に本をつみ重ねる。

14 坂をかけ上がって息が苦しくなった。

15 父は町内会の役員をしている。

16 ゴールの直前で追いこされた。

17 弟は近所の公園へ遊びに行った。

18 悲しい話を聞いてなみだが出た。

19 節《せつ》分の日に家で豆まきをした。

二 つぎの**漢字**の**太いところ**は、**何番め**に書きますか。○の中に**数字**を書きなさい。

(10) 1×10

1 放 ○

2 起 ○

3 銀 ○

4 炭 ○

5 勝 ○

6 第 ○

7 住 ○

8 送 ○

9 院 ○

10 様 ○

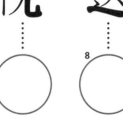

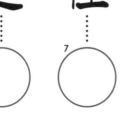

三 （　）の中に**漢字**を書いて、上と**はんたいのいみのことば**にしなさい。

(10) 2×5

かた方——1（りょう）方

のばす——2（ま）げる

よい——3（わる）い

さんせい——4（はん）対

勝つ——5（ま）ける

五 つぎの（　）の中に**漢字**を書きなさい。

(20) 2×10

詩を読んで1（かん）想を話し合った。

町の図書2（かん）で童話の本をかりる。

あらすじを短い文3（しょう）にまとめた。

4（しょう）店がいで大売り出しが始まる。

野5（きゅう）の試《し》合でホームランを打った。

三番ホームで6（きゅう）行電車を待つ。

歯医7（しゃ）さんから虫歯の話を聞く。

夕食後に海外旅行の8（しゃ）真を見た。

理科室は校しゃの二9（かい）にある。

サッカーの世10（かい）大会が開かれる。

四 **おなじなかまの漢字を**□の中に書きなさい。　(20) 2×10

さんずい（氵）……1 □《しょう》火・石 2 □《ゆ》

うかんむり（宀）……お 3 □《まも》り・4 □《あん》定

きへん（木）……5 □《しょく》物・6 □《はしら》時計

はつがしら（癶）……7 □《はつ》売・8 □《と》山家

まだれ（广）……校 9 □《てい》・文 10 □《こ》

六 つぎの――線の**カタカナ**を◯の中の**漢字とおくりがな（ひらがな）**で□の中に書きなさい。　(10) 2×5

〈れい〉 (大) **オオキイ**花がさく。　［大きい］

1 (整) 外出する前に服そうを**トトノエル**。　1 □

2 (等) ぼくと森君とは身長がほぼ**ヒトシイ**。　2 □

3 (深) 図かんで**フカイ**海にすむ魚を調べる。　3 □

4 (注) コップに牛にゅうを**ソソグ**。　4 □

5 (助) 雪山でそうなんした人を**タスケル**。　5 □

3 計算テストの問 5 □《だい》は、6 □《ぜん》部で二十問だった。

4 まきじゃくを用いて黒 7 □《ばん》のたてと 8 □《よこ》の長さをはかった。

5 家 9 □《ぞく》みんなで、温かいこう茶を 10 □《の》みながらテレビを見た。

6 タクシーの 11 □《うん》転手さんにお 12 □《れい》を言ってから下車した。

七 つぎの――線の**漢字**の**読みがな**を――線の**右**に書きなさい。

(10) 1×10

グループで人形げきの 1 練習をした。

祭りの行列が大通りを 2 練り歩く。

地下鉄の 3 乗車けんを買う。

やっと竹馬に 4 乗れるようになった。

オリンピックでの活やくを 5 期待する。

友だちと十時に公園で 6 待ち合わせた。

地図で 7 半島の名前をたしかめる。

遠くの 8 島をながめながら海岸を歩く。

十二月にインフルエンザが9流行した。

大水のため谷川の丸木橋が10流された。

八 つぎの□の中に**漢字**を書きなさい。 (40) 2×20

1 学校のしりょう室には、1□《むかし》の人が使っていた古い道2□《ぐ》がある。

2 国語辞典《じてん》で、むずかしい言3□《ば》の意4□《み》を調べる。

7 イルカが広い海を自13□《ゆう》に14□《およ》ぎ回る。

8 15□《きょ》年の春、16□《えき》前の通りに大きなスーパーができた。

9 雪がたくさんふって、道17□《ろ》も屋18□《ね》も真っ白になった。

10 校しゃの南19□《む》きのまどから太20□《よう》の光がさしこむ。

※2018年度第3回検定《けんてい》問題

/150

部首一覧《いちらん》表

表の上には部首を画数順《じゅん》に配列し、下には漢字の中で占《し》める位置《いち》によって形が変化《へんか》するものや特別《とくべつ》な名称《めいしょう》を持つものを示《しめ》す。

偏《へん》… 旁《つくり》… 冠《かんむり》… 脚《あし》… 垂《たれ》… 繞《にょう》… 構《かまえ》…

番号	部首	部首（形）	位置	名称
一画				
1	【一】	一		いち
2	【丨】	丨		ぼう たてぼう
3	【丶】	丶		てん
4	【丿】	丿		の はらいぼう
5	【乙】	乙		おつ
		乚	旁	おつ
6	【亅】	亅		はねぼう
二画				
7	【二】	二		に
8	【亠】	亠	冠	なべぶた けいさんかんむり
9	【人】	人		ひと
		亻	偏	にんべん
		𠆢	冠	ひとやね
10	【入】	入		いる
11	【儿】	儿		ひとあし にんにょう
12	【八】	八		はち
		ハ	脚	は
13	【冂】	冂	構	どうがまえ けいがまえ まきがまえ
14	【冖】	冖	冠	わかんむり
15	【冫】	冫		にすい
16	【几】	几		つくえ
17	【凵】	凵		うけばこ
18	【刀】	刀		かたな
		刂	旁	りっとう
19	【力】	力		ちから
20	【勹】	勹	構	つつみがまえ
21	【匕】	匕		ひ
22	【匚】	匚	構	はこがまえ
23	【匸】	匸	構	かくしがまえ
24	【十】	十		じゅう
25	【卜】	卜		と うらない
26	【卩】	卩		わりふ ふしづくり
26	【卩】	㔾		わりふ ふしづくり
27	【厂】	厂	垂	がんだれ
28	【厶】	厶		む
29	【又】	又		また
三画				
30	【口】	口		くち
		口	偏	くちへん
31	【囗】	囗	構	くにがまえ
32	【土】	土		つち
		土	偏	つちへん
33	【士】	士		さむらい
34	【夂】	夂	脚	すいにょう ふゆがしら
35	【夕】	夕		た ゆうべ
36	【大】	大		だい
37	【女】	女		おんな
		女	偏	おんなへん
38	【子】	子		こ
38	【子】	子	偏	こへん
39	【宀】	宀	冠	うかんむり
40	【寸】	寸		すん
41	【小】	小		しょう
		⺌	冠	しょう
42	【尢】	尢		だいのまげあし
43	【尸】	尸	垂	かばね しかばね
44	【屮】	屮		てつ
45	【山】	山		やま
		山	偏	やまへん
46	【川】	川		かわ
		巛	旁	かわ
47	【工】	工		え たくみ
		工	偏	たくみへん
48	【己】	己		おのれ
49	【巾】	巾		はば
		巾	偏	はばへん きんべん

50	【干】	干	かん いちじゅう
51	【幺】	幺	よう いとがしら
52	【广】	广	まだれ
53	【廴】	廴	えんにょう
54	【廾】	廾	こまぬき にじゅうあし
55	【弋】	弋	しきがまえ
56	【弓】	弓	ゆみ
		弓	ゆみへん
57	【彐】	彑	けいがしら
58	【彡】	彡	さんづくり
59	【彳】	彳	ぎょうにんべん
60	【⺍】	⺍	つかんむり
四画	忄↓心 扌↓手 氵↓水 犭↓犬 艹↓艸 辶↓辵 阝(旁)↓邑 阝(偏)↓阜		
61	【心】	心	こころ
		忄	りっしんべん
		⺗	したごころ
62	【戈】	戈	ほこづくり ほこがまえ
63	【戸】	戸	と
		戸	とだれ とかんむり
64	【手】	手	て
		扌	てへん
65	【支】	支	し
66	【攴】	攵	のぶん ぼくづくり
67	【文】	文	ぶん
68	【斗】	斗	とます
69	【斤】	斤	きん
		斤	おのづくり
70	【方】	方	ほう
		方	ほうへん かたへん
71	【日】	日	ひ
		日	ひへん
72	【曰】	曰	ひらび いわく
73	【月】	月	つき
		月	つきへん
74	【木】	木	き
		木	きへん
75	【欠】	欠	あくび かける
76	【止】	止	とめる
77	【歹】	歹	かばねへん いちたへん がつへん
78	【殳】	殳	るまた ほこづくり
79	【毋】	毋	なかれ
80	【比】	比	ならびひ くらべる
81	【毛】	毛	け
82	【氏】	氏	うじ
83	【气】	气	きがまえ
84	【水】	水	みず
		氵	さんずい
		氺	したみず
85	【火】	火	ひ
		火	ひへん
		灬	れんが れっか
86	【爪】	爪	つめ
		爫	つめかんむり つめがしら
87	【父】	父	ちち
88	【片】	片	かた
88	【片】	片	かたへん
89	【牙】	牙	きば
90	【牛】	牛	うし
		牛	うしへん
91	【犬】	犬	いぬ
		犭	けものへん
五画	王・⺩↓玉 礻↓示 耂↓老 辶↓辵		
92	【玄】	玄	げん
93	【玉】	玉	たま
		王	おう
		⺩	おうへん たまへん
94	【瓦】	瓦	かわら
95	【甘】	甘	かん あまい
96	【生】	生	うまれる
97	【用】	用	もちいる
98	【田】	田	た
		田	たへん
99	【疋】	⻊	ひき

99	【疋】	𤴔	ひきへん
100	【疒】	疒	やまいだれ
101	【癶】	癶	はつがしら
102	【白】	白	しろ
103	【皮】	皮	けがわ
104	【皿】	皿	さら
105	【目】	目	め
		目	めへん
106	【矛】	矛	ほこ
107	【矢】	矢	や
		矢	やへん
108	【旡】	旡	なし ぶ すでのつくり
109	【石】	石	いし
		石	いしへん
110	【示】	示	しめす
		礻	しめすへん
111	【禾】	禾	のぎ
		禾	のぎへん
112	【穴】	穴	あな
		穴	あなかんむり
113	【立】	立	たつ
		立	たつへん

氺→水　衤→衣　罒→网

六画

114	【竹】	竹	たけ
		⺮	たけかんむり
115	【米】	米	こめ
		米	こめへん
116	【糸】	糸	いと
		糸	いとへん
117	【缶】	缶	ほとぎ
118	【网】	罒	あみがしら あみめ よこめ
119	【羊】	羊	ひつじ
120	【羽】	羽	はね
121	【老】	耂	おいかんむり おいがしら
122	【而】	而	しかして しこうして
123	【耒】	耒	すきへん らいすき
124	【耳】	耳	みみ
		耳	みみへん
125	【聿】	聿	ふでづくり
126	【肉】	肉	にく
		月	にくづき
127	【自】	自	みずから
128	【至】	至	いたる
129	【臼】	臼	うす
130	【舌】	舌	した
131	【舟】	舟	ふね
		舟	ふねへん
132	【艮】	艮	ねづくり こんづくり
133	【色】	色	いろ
134	【艸】	艹	くさかんむり
135	【虍】	虍	とらがしら とらかんむり
136	【虫】	虫	むし
		虫	むしへん
137	【血】	血	ち
138	【行】	行	ぎょう
		行	ぎょうがまえ ゆきがまえ
139	【衣】	衣	ころも
		衤	ころもへん
140	【襾】	西	にし
		覀	おおいかんむり

七画

141	【見】	見	みる
142	【臣】	臣	しん
143	【角】	角	かく つの
		角	つのへん
144	【言】	言	げん
		言	ごんべん
145	【谷】	谷	たに
146	【豆】	豆	まめ
147	【豕】	豕	ぶた いのこ
148	【豸】	豸	むじなへん
149	【貝】	貝	かい こがい
		貝	かいへん
150	【赤】	赤	あか
151	【走】	走	はしる

151	【走】	走	そうにょう
152	【足】	足	あし
		𧾷	あしへん
153	【身】	身	み
154	【車】	車	くるま
		車	くるまへん
155	【辛】	辛	からい
156	【辰】	辰	しんのたつ
157	【辵】	辶	しんにょう しんにゅう
		⻌	しんにょう しんにゅう
158	【邑】	阝	おおざと
159	【酉】	酉	ひよみのとり
		酉	とりへん
160	【釆】	釆	のごめ
		釆	のごめへん
161	【里】	里	さと
		里	さとへん
162	【舛】	舛	まいあし
163	【麦】	麦	むぎ
		麦	ばくにょう
八画			
164	【金】	金	かね
		金	かねへん
165	【長】	長	ながい
166	【門】	門	もん
		門	もんがまえ
167	【阜】	阜	おか
		阝	こざとへん
168	【隶】	隶	れいづくり
169	【隹】	隹	ふるとり
170	【雨】	雨	あめ
		⻗	あめかんむり
171	【青】	青	あお
172	【非】	非	あらず ひ
173	【斉】	斉	せい
九画			
174	【面】	面	めん
175	【革】	革	かくのかわ つくりがわ
		革	かわへん
176	【音】	音	おと
177	【頁】	頁	おおがい
178	【風】	風	かぜ
179	【飛】	飛	とぶ
180	【食】	食	しょく
		飠	しょくへん
		飠	しょくへん
181	【首】	首	くび
182	【香】	香	か かおり
十画			
183	【馬】	馬	うま
		馬	うまへん
184	【骨】	骨	ほね
		骨	ほねへん
185	【高】	高	たかい
186	【髟】	髟	かみがしら
187	【鬯】	鬯	ちょう
188	【鬼】	鬼	おに
		鬼	きにょう
189	【韋】	韋	なめしがわ
190	【竜】	竜	りゅう
十一画			
191	【魚】	魚	うお
		魚	うおへん
192	【鳥】	鳥	とり
193	【鹿】	鹿	しか
194	【麻】	麻	あさ
195	【黄】	黄	き
196	【黒】	黒	くろ
197	【亀】	亀	かめ
十二画			
198	【歯】	歯	は
		歯	はへん
十三画			
199	【鼓】	鼓	つづみ
十四画			
200	【鼻】	鼻	はな

※注「⻌」については「遡・遜」のみに適用《てきよう》。「飠」については「餌・餅」のみに適用。

10

漢字一覧《いちらん》表

小学校1年生、2年生、3年生で習う漢字を五十音順《じゅん》にならべました。

小学校1年生（10級）

イ 一 ウ 右 雨 エ 円
オ 王 音 カ 下 火
花 貝 学 キ 気
九 休 玉 金
ク 空 ケ 月 犬 見
コ 五 口 校 サ 左
三 山 シ 子 四

糸 字 耳 七
車 手 十 出
女 小 上 森
人 ス 水 セ 正 生
青 夕 石 赤
千 川 先 ソ 早
草 足 村 タ 大

男 チ 竹 中 虫
町 テ 天 田 ト 土
ニ 二 日 入 ネ 年
ハ 白 八 ヒ 百 フ 文
ホ 木 本 メ 名 モ 目
リ 立 力 林 ロ 六

小学校2年生（9級）

イ 引 ウ 羽 雲 エ 園 遠 カ 何 科 夏 家
歌 画 回 会 海 絵 外 角 楽
活 間 丸 岩 顔 キ 汽 記 帰 弓
牛 魚 京 強 教 近 ケ 兄 形 計
元 言 原 コ 戸 古 午 後 語 工
公 広 交 光 考 行 高 黄 合
谷 国 黒 今 サ 才 細 作 算 シ 止
市 矢 姉 思 紙 寺 自 時 室
社 弱 首 秋 週 春 書 少 場

色 食 心 新 親 ス 図 数 セ 西 声
星 晴 切 雪 船 線 前 ソ 組 走
タ 多 太 体 台 チ 地 池 知 茶 昼
長 鳥 朝 直 ツ 通 テ 弟 店 点 電
ト 刀 冬 当 東 答 頭 同 道 読
ナ 内 南 ニ 肉 ハ 馬 売 買 麦 半 番
フ 父 風 分 聞 ヘ 米 ホ 歩 母 方 北
マ 毎 妹 万 メ 明 鳴 モ 毛 門 ヤ 夜 野
ユ 友 ヨ 用 曜 ラ 来 リ 里 理 ワ 話

小学校3年生（8級）

ア 悪安暗 イ 医委意育員院飲
ウ 運 エ 泳駅 オ 央横屋温 カ 化荷界
開階寒感漢館岸 キ 起期客
究急級宮球去橋業曲局
銀 ク 区苦具君 ケ 係軽血決研
県 コ 庫湖向幸港号根 サ 祭皿
シ 仕死使始指歯詩次事持
式実写者主守取酒受州
拾終習集住重宿所暑助
昭消商章勝乗植申身神

真深進 セ 世整昔全 ソ 相送想
息速族 タ 他打対待代第題
炭短談 チ 着注柱丁帳調 ツ 追
テ 定庭笛鉄転 ト 都度投豆島
湯登等動童 ノ 農 ハ 波配倍箱
畑発反坂板 ヒ 皮悲美鼻筆
氷表秒病品 フ 負部服福物
ヘ 平返勉 ホ 放 ミ 味 メ 命面 モ 問 ヤ 役薬
ユ 由油有遊 ヨ 予羊洋葉陽様
ラ 落 リ 流旅両緑 レ 礼列練 ロ 路 ワ 和

10 二とおりの読み／注意すべき読み

↓のようにも読める。

「常用《じょうよう》漢字表《かんじひょう》」（平成《へいせい》22年）本表備考欄《びこうらん》による。

二とおりの読み

遺言	ユイゴン	↓ イゴン
奥義	オウギ	↓ おくギ
堪能	カンノウ	↓ タンノウ
吉日	キチジツ	↓ キツジツ
兄弟	キョウダイ	↓ ケイテイ
甲板	カンパン	↓ コウハン
合点	ガッテン	↓ ガテン
昆布	コンブ	↓ コブ
紺屋	コンや	↓ コウや
詩歌	シカ	↓ シイカ
七日	なのか	↓ なぬか
老若	ロウニャク	↓ ロウジャク
寂然	セキゼン	↓ ジャクネン
法主	ホッス	↓ ホウシュ ホッシュ
十	ジッ	↓ ジュッ
情緒	ジョウチョ	↓ ジョウショ
憧憬	ショウケイ	↓ ドウケイ
人数	ニンズ	↓ ニンズウ
寄贈	キソウ	↓ キゾウ

注意すべき読み

側	がわ	↓ かわ
唾	つば	↓ つばき
愛着	アイジャク	↓ アイチャク
執着	シュウジャク	↓ シュウチャク
貼付	チョウフ	↓ テンプ
難しい	むずかしい	↓ むつかしい
分泌	ブンピツ	↓ ブンピ
富貴	フウキ	↓ フッキ
文字	モンジ	↓ モジ
大望	タイモウ	↓ タイボウ
頬	ほお	↓ ほほ
末子	バッシ	↓ マッシ
末弟	バッテイ	↓ マッテイ
免れる	まぬかれる	↓ まぬがれる
妄言	ボウゲン	↓ モウゲン
面目	メンボク	↓ メンモク
問屋	とんや	↓ といや
礼拝	ライハイ	↓ レイハイ

三位一体	サンミイッタイ
従三位	ジュサンミ

一羽	イチわ
三羽	サンば
六羽	ロッぱ
春雨	はるさめ
小雨	こさめ
霧雨	きりさめ
因縁	インネン
親王	シンノウ
勤王	キンノウ
反応	ハンノウ
順応	ジュンノウ
観音	カンノン
安穏	アンノン
天皇	テンノウ
身上	シンショウ シンジョウ （読み方により意味が違《ちが》う）
一把	イチワ
三把	サンバ
十把	ジッ（ジュッ）パ

常用《じょうよう》漢字表 付表《ふひょう》（熟字訓《じゅくじくん》・当て字など）

＊小・中・高：小学校・中学校・高等学校のどの時点で学習するかの割《わ》り振《ふ》りを示《しめ》した。

※以下《いか》に挙《あ》げられている語を構成要素《こうせいようそ》の一部とする熟語に用いてもかまわない。

例《れい》「河岸（かし）」→「魚河岸（うおがし）」／「居士（こじ）」→「一言居士（いちげんこじ）」

付表1

語	読み	小	中	高
明日	あす	●		
小豆	あずき		●	
海女・海士	あま			●
硫黄	いおう		●	
意気地	いくじ		●	
田舎	いなか		●	
息吹	いぶき			●
海原	うなばら		●	
乳母	うば		●	
浮気	うわき			●
浮つく	うわつく		●	
笑顔	えがお		●	
叔父・伯父	おじ		●	
大人	おとな	●		
乙女	おとめ		●	
叔母・伯母	おば		●	
お巡りさん	おまわりさん		●	
お神酒	おみき			●
母屋 母家	おもや			●
母さん	かあさん	●		
神楽	かぐら			●
河岸	かし			●
鍛冶	かじ		●	
風邪	かぜ		●	
固唾	かたず		●	
仮名	かな		●	
蚊帳	かや			●
為替	かわせ		●	
河原・川原	かわら	●		
昨日	きのう	●		
今日	きょう	●		
果物	くだもの	●		
玄人	くろうと			●
今朝	けさ	●		
景色	けしき	●		
心地	ここち		●	
居士	こじ			●
今年	ことし	●		
早乙女	さおとめ		●	
雑魚	ざこ			●
桟敷	さじき			●
差し支える	さしつかえる		●	
五月	さつき		●	
早苗	さなえ		●	
五月雨	さみだれ		●	
時雨	しぐれ		●	
尻尾	しっぽ		●	
竹刀	しない		●	
老舗	しにせ		●	
芝生	しばふ		●	
清水	しみず	●		
三味線	しゃみせん		●	
砂利	じゃり		●	
数珠	じゅず			●
上手	じょうず	●		

付表2

白髪	しらが		●	
素人	しろうと			●
師走	しわす（しはす）			●
数寄屋 数奇屋	すきや			●
相撲	すもう		●	
草履	ぞうり		●	
山車	だし			●
太刀	たち		●	
立ち退く	たちのく		●	
七夕	たなばた	●		
足袋	たび		●	
稚児	ちご			●
一日	ついたち	●		
築山	つきやま			●
梅雨	つゆ		●	
凸凹	でこぼこ		●	
手伝う	てつだう	●		
伝馬船	てんません			●
投網	とあみ			●
父さん	とうさん	●		
十重二十重	とえはたえ			●
読経	どきょう			●
時計	とけい	●		
友達	ともだち	●		
仲人	なこうど			●
名残	なごり		●	
雪崩	なだれ		●	
兄さん	にいさん	●		
姉さん	ねえさん	●		
野良	のら			●
祝詞	のりと			●
博士	はかせ	●		
二十 二十歳	はたち		●	
二十日	はつか	●		
波止場	はとば		●	
一人	ひとり	●		
日和	ひより		●	
二人	ふたり	●		
二日	ふつか	●		
吹雪	ふぶき		●	
下手	へた	●		
部屋	へや	●		
迷子	まいご	●		
真面目	まじめ	●		
真っ赤	まっか	●		
真っ青	まっさお	●		
土産	みやげ		●	
息子	むすこ		●	
眼鏡	めがね	●		
猛者	もさ			●
紅葉	もみじ		●	
木綿	もめん		●	
最寄り	もより		●	
八百長	やおちょう			●
八百屋	やおや	●		
大和	やまと		●	
弥生	やよい		●	
浴衣	ゆかた			●
行方	ゆくえ		●	
寄席	よせ			●
若人	わこうど		●	

愛媛	えひめ	●		
茨城	いばらき	●		
岐阜	ぎふ	●		
鹿児島	かごしま	●		
滋賀	しが	●		
宮城	みやぎ	●		
神奈川	かながわ	●		
鳥取	とっとり	●		
大阪	おおさか	●		
富山	とやま	●		
大分	おおいた	●		
奈良	なら	●		

■「いちまる」キャラクターイラスト:kaorimix

いちまるとはじめよう! わくわく漢検 8級 改訂版

2024年1月30日　第1版第5刷　発行
編　者　公益財団法人 日本漢字能力検定協会
発行者　山崎　信夫
印刷所　三松堂株式会社

発行所　公益財団法人 日本漢字能力検定協会
〒605-0074　京都市東山区祇園町南側551番地
☎(075)757-8600
ホームページhttps://www.kanken.or.jp/

Printed in Japan
ISBN978-4-89096-418-5　C0081
乱丁・落丁本はお取り替えいたします。

8級

いちまるとはじめよう!
わくわく漢検

改訂版

別冊《べっさつ》
標準解答《ひょうじゅんかいとう》
(答え)

＊答えは別冊になっています。
とりはずして使《つか》ってください。

＊答えをとじているはり金でけがを
しないよう気をつけてください。

名前

漢検 公益財団法人 日本漢字能力検定協会

700418 (1-5)

練習問題《れんしゅうもんだい》

1週目

1日目 p.11

❶
1 みどり
2 ね・み
3 しま・じっこう
4 こんき・う
5 はんとう・ひつじ
6 は・たいよう

❷
1 木　2 阝　3 艹　4 糸
录　昜　直　葉

1 植
2 陽
3 葉
4 緑

練習問題

2日目 p.13

❶
1 みなと・いちりゅう
2 こ
3 みずうみ・よう
4 こおり・なみ
5 なが・すいえい
6 きし・およ

❷
1 じつ
2 みの
3 がん
4 きし
5 しょく
6 う
7 りゅう
8 なが

練習問題

3日目 p.15

❶
1 あじ・ぐ
2 あぶら・ゆ
3 せきゆ・せきたん
4 くろまめ・さら
5 みかた
6 ざけ・ゆげ

❷
1 太　2 道　3 空　4 子
港　陽　羊　具

1 太陽
2 道具
3 空港
4 子羊

練習問題

4日目 p.17

❶
1 えきまえ・どうぐ
2 うえき・ちゅうおう
3 せかい・ことば
4 にゅういん
5 かい・おくじょう
6 まめ・よこぎ

❷
1 院　院
2 屋　屋
3 界　界
4 駅　駅

練習問題　5日目　p.19

1

① ほどうきょう・としょかん
② ほんしゅう・けんどう
③ けん・す
④ きんじょ
⑤ きょく・やね
⑥ ちく・せかい

2

① 所・湯
② 橋・波
③ 豆
④ 住
⑤ 岸・流

復習《ふくしゅう》問題　6日目　p.20 p.21

1

① 豆
② 島
③ 実
④ 味
⑤ 陽
⑥ 洋

2

① 世界
② 具
③ 央・羊
④ 区・石油
⑤ 湖・氷

3

① 尸　局 — 屋
② 糸　細 — 緑
③ 阝　院 — 階
④ 氵　流 — 波
⑤ 木　植 — 根

4

① 駅・港
② 州・酒
③ 水泳
④ 皿・横
⑤ 言葉

練習問題　2週目　7日目　p.25

1

① とかい・くうこう
② いっちょう・あぶら
③ わ・とし
④ たにん
⑤ つうがくろ・はたけ
⑥ こうてい・でんちゅう

2

① 植
② 階・院
③ 庭・屋根
④ 路・局
⑤ 味

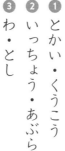

練習問題《れんしゅうもんだい》 8日目

p.27

1

① だいどころ・きょねん
② も・つか
③ ひら・しゃせい
④ けん・かいかい
⑤ お・の
⑥ む

2

① じゅう
② す
③ ちゅう
④ はしら
⑤ てい
⑥ にわ
⑦ こう
⑧ む

練習問題 9日目

p.29

1

① たい・う
② さ・お
③ け・ひろ
④ しょうか
⑤ だん・せいり
⑥ ま・あつ

2

① 消える
② 集める
③ 向ける
④ 整える

練習問題 10日目

p.31

1

① たこう・へん
② ころ・はし
③ かいてん・あそ
④ はな・ほうそう
⑤ ゆうめい・お
⑥ はい

2

① 送
② 追
③ 配
④ 横
⑤ 返

練習問題 11日目

p.33

1

① き・しあわ
② かな・にがて
③ いけん・そそ
④ ひめい・ちゅうもく
⑤ くる
⑥ ひろ・かんそうぶん

2

① 心　感 — 意
② 辶　返 — 送
③ 亻　他 — 住
④ 飠　館 — 飲
⑤ 木　橋 — 柱

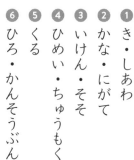

復習《ふくしゅう》問題　12日目

p.34
p.35

1

① 州
② 集
③ 柱
④ 注
⑤ 送
⑥ 想

2

① 去・返
② 向
③ 開店
④ 消・落
⑤ 起・持

3

① 転がす
② 悲しい
③ 遊ぶ
④ 写す

4

① 心配
② 追・拾
③ 有名・飲
④ 麦畑・待
⑤ 整理

練習問題　3週目　13日目

p.39

1

① ゆび・しゅっけつ
② いき・しん
③ し
④ いしゃ・ちゅうい
⑤ にちょうめ・しよう
⑥ は・き

2

血→医→幸→指→息→
都→歯→想→緑→談

練習問題　14日目

p.41

1

① いのち・びょうき
② くら・きおん
③ きみ
④ はな・ち
⑤ かわ・くすり
⑥ わる・びょういん

2

① おん
② あたた
③ やく
④ ぐすり
⑤ ゆう
⑥ あそ
⑦ しゃ
⑧ もの

15日目 練習問題《れんしゅうもんだい》 p.43

1

① うつく・しゃしん
② しょうわ
③ みじか・きゅうこう
④ あいて・めいちゅう
⑤ いそ・あんき
⑥ ふか・どうわ

2

① 急・暗
② 鼻
③ 身
④ 者・相談
⑤ 温・薬

16日目 練習問題 p.45

1

① かせき・けんきゅう
② かんじ
③ はたけ・そだ
④ ました・ふか
⑤ たいいく・なら
⑥ めいきょく・し

2

① 育てる
② 温かい
③ 注ぐ
④ 急ぐ
⑤ 曲げる

17日目 練習問題 p.47

1

① くちぶえ・しら
② べんきょう・てちょう
③ ちょうし
④ いみ・と
⑤ ふで・ぴつ
⑥ もんだい・よそう

2

① 落・苦
② 調・談
③ 筆・笛
④ 急・感

18日目 復習問題《ふくしゅうもんだい》 p.48 p.49

1

① 明るい — 暗い
② のばす — 曲げる
③ 自分 — 相手
④ よい — 悪い
⑤ 拾う — 落とす

2

① 苦・薬
② 転校
③ 笛・遊
④ 化
⑤ 帳・感想

3
1 身
2 真
3 決
4 血
5 死
6 歯

4
1 幸
2 体育
3 病・調
4 皮・研究
5 短・指

練習問題

4週目

19日目

p.53

1
1 じそく・すす
2 やきゅう・はこ
3 こうしん
4 な・う
5 うんどうかい・ね
6 ば・うご

2
1 そく
2 はや
3 あくにん
4 わる
5 きてき
6 くちぶえ

練習問題

20日目

p.55

1
1 きかん・ぶんしょう
2 きゅうこん
3 ぜん・か
4 じかい・れんしゅう
5 がっきゅうかい・きごう
6 むかし・にっきちょう

2
1 昔・童
2 美・曲
3 次・勉
4 学期
5 代

練習問題

21日目

p.57

1
1 おんど・よてい
2 だいさんごう
3 かんじ・ひっさん
4 やきゅうぶ・けってい
5 りょうほう・じゅうびょう
6 ぎょうれつ・にばい

2
1 庭・度
2 科・秒
3 部・都
4 定・実

練習問題

22日目 p.59

1
① にゅうがくしき・つ
② こうふく・まも
③ みや・かみ
④ れい
⑤ まつ・き
⑥ いっちゃく・いき

2
① 10
② 11
③ 9
④ 6
⑤ 6
⑥ 13

練習問題

23日目 p.61

1
① しょうひん・しごと
② ぶんこ
③ あんぜん・まも
④ ぎょうじ・なつまつ
⑤ にだい・さぎょう
⑥ やす・へや

2
① 代
② 題
③ 章
④ 商
⑤ 病
⑥ 秒

復習問題《ふくしゅうもんだい》

24日目 p.62 p.63

1
① 暗
② 安
③ 次
④ 事
⑤ 短
⑥ 炭

2
① 運動・投
② 打・練習
③ 速度
④ 両手・荷
⑤ 記号

3
① 進
② 守
③ 消
④ 部
⑤ 昔

4
① 列島
② 福・予定
③ 何倍
④ 問題・式
⑤ 祭・商品

練習問題

5週目

25日目 p.67

1
① たびさき・し
② のうか・しゅくだい
③ の・りょこう
④ きゃく・じょうしゃ
⑤ しなもの・はこ
⑥ ふく

2
① 6
② 2
③ 8
④ 9
⑤ 7
⑥ 3

練習問題

26日目 p.69

1
① おうさま
② くん・じんじゃ
③ いのち・れい
④ かぞく・ぬし
⑤ いいん・かかり
⑥ しゅやく・きみ

2
① 薬
② 役
③ 様
④ 洋
⑤ 主
⑥ 酒
⑦ 究
⑧ 球

練習問題

27日目 p.71

1
① ぎん・すいへいせん
② てつ・そ
③ じめん・ばこ
④ とうぶん
⑤ のうえん・ひょうし
⑥ はんたい・みや

2
① へいわ
② ひらおよ
③ いっとう
④ ひと
⑤ じょうきゃく
⑥ の

練習問題

28日目 p.73

1
① しょうぶ・お
② しぎょうしき・さむ
③ たいじゅう・かる
④ たい
⑤ にじゅう・か
⑥ ちかてつ・あつ

2
① 等しい
② 始まる
③ 重ねる
④ 平たい
⑤ 定める

練習問題　29日目　p.75

1
① じゆう・とうこう
② がばん・と
③ いた
④ はっぴょうかい・たす
⑤ のぼ・さかみち
⑥ すいぞくかん・もう

2
① 助・勉
② 仕・係
③ 発・登
④ 転・軽

復習《ふくしゅう》問題　30日目　p.76 p.77

1
① 5
② 6
③ 3
④ 7
⑤ 11
⑥ 5

2
① 客・安全
② 様・洋服
③ 委・箱
④ 文庫
⑤ 板

3
① 始
② 登
③ 勝
④ 重
⑤ 悲

4
① 役
② 暑・寒
③ 坂・取
④ 銀・由
⑤ 助

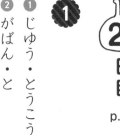

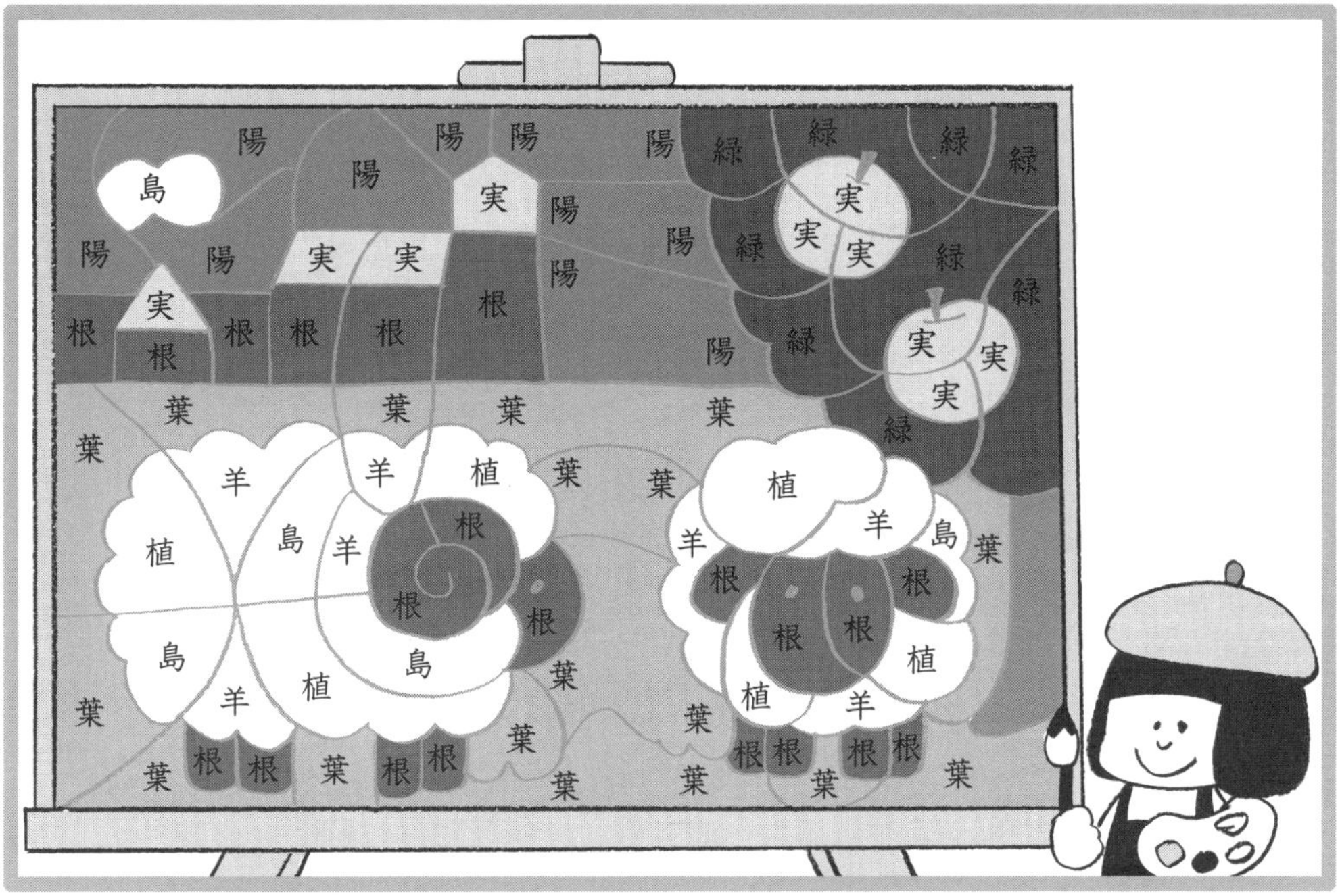

漢字《かんじ》で遊《あそ》ぼう！ わくわく広場 1

p.8
p.9

漢字で遊ぼう！ わくわく広場 2

p.22
p.23

＊答えは「送、注、都、写、使、有、開」です。

漢《かん》字《じ》で遊ぼう！ わくわく広場 3

p.36
p.37

漢字で遊ぼう！ わくわく広場 4

p.50
p.51

p.64
p.65

＊答えは「面、委、族、発、平、服」です。

テストにチャレンジ！

一

p.80
p.81

1 こおり
2 ゆきまつ
3 き
4 そうだん
5 じつりょく
6 しゅうかい
7 ひっさん
8 さら
9 べんきょう
10 かせき
11 かる
12 だいきん
13 かさ
14 いき
15 やくいん
16 お
17 きんじょ
18 かな
19 まめ
20 ちゅうおう
21 ころ
22 びょういん
23 さむ
24 かわ
25 れっしゃ
26 そだ
27 くら
28 ゆうめい
29 くうこう
30 こうじ

二

p.81

1 7
2 6
3 9
4 5
5 8
6 11
7 7
8 9
9 10
10 14

三

p.82

1 両
2 曲
3 悪
4 反
5 負

四

p.83

1 消
2 油
3 守
4 安
5 植
6 柱
7 発
8 登
9 庭
10 庫

五

1 感
2 館
3 章
4 商
5 球
6 急
7 者
8 写
9 階
10 界

p.82

六

1 整える
2 等しい
3 深い
4 注ぐ
5 助ける

p.83

七

1 れんしゅう
2 ね
3 じょうしゃ
4 の
5 きたい
6 ま
7 はんとう
8 しま
9 りゅうこう
10 なが

p.84
p.85

八

1
1 昔
2 具

2
3 葉
4 味

3
5 題
6 全

4
7 板
8 横

5
9 族
10 飲

6
11 運
12 礼

7
13 由
14 泳

8
15 去
16 駅

9
17 路
18 根

10
19 向
20 陽

p.84
p.85